내 아이 수학 약점을 찾아라

내 아이 수학 약점을 찾아라

초판 1쇄 인쇄 2023년 5월 24일
초판 1쇄 발행 2023년 5월 31일

지은이 진주쌤
기획 초등맘카페

발행인 장상진
발행처 (주)경향비피
등록번호 제2012-000228호
등록일자 2012년 7월 2일

주소 서울시 영등포구 양평동 2가 37-1번지 동아프라임밸리 507-508호
전화 1644-5613 | **팩스** 02) 304-5613

ⓒ이상숙

ISBN 978-89-6952-545-1 13630

· 값은 표지에 있습니다.
· 파본은 구입하신 서점에서 바꿔드립니다.

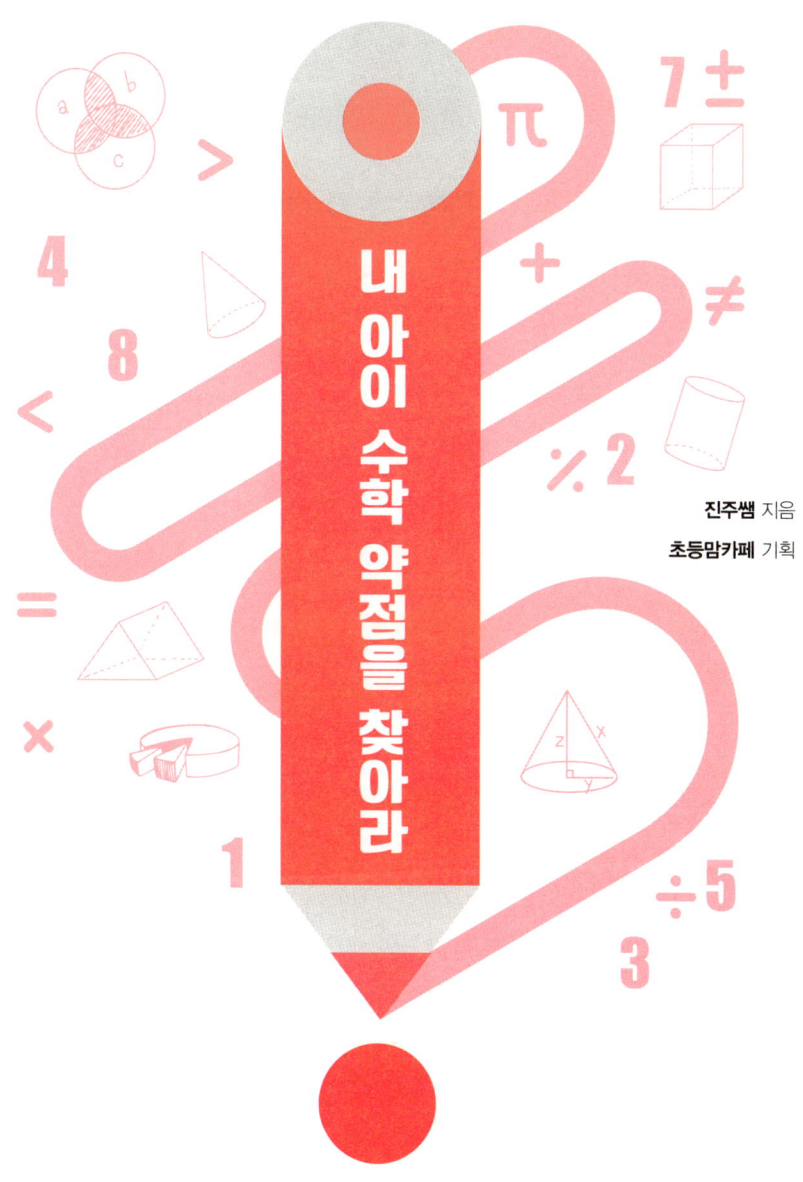

내 아이 수학 약점을 찾아라

진주쌤 지음
초등맘카페 기획

경향BP

약점은 잡으면
강점이 된다

오늘도 아이의 수학 문제집을 채점하며 한숨이 깊어진 학부모님들께 제 이야기를 들려드리려 합니다. 저는 대학에서 수학을 전공하고 20년간 수학 교재를 개발하는 일을 했습니다.

수학은 나선형으로 배운 것이 심화, 확대되는 과목입니다. 모든 영역과 학년에서 배우는 내용들이 긴밀하게 연결된 위계 과목이기도 합니다. 저에게는 이런 수학이 몹시 친숙합니다. 그런데 아이 둘을 키우고, 또 아이들에게 수학을 가르치면서 저와 비슷한 또래 아이를 키우는 비전공 학부모님들을 만날 기회가 많아지면서 새로운 사실을 알게 되었습니다. 보통의 학부모님들에게는 수학이 그렇게 친숙하지도 않고, 오히려 수학으로 인해 너무 힘들어하고 있다는 것을요.

제가 사는 지역은 학구열로 치면 어디에도 빠지지 않는 교육특구 목동이기 때문에 아마도 제가 만났던 학부모님들은 전국 평균 이상의 관심과 정보를 갖고 계신 분들일 것입니다. 그런데도 정확하지 않은 정보로 시행착오를 겪기도 하고, 옆집 엄마를 따라 문제집이나 학원을 고르는 등 수학적 사고와는 거리가 먼 선택을 하고 있었습니다. 이런 모습을 마주하며 든 생각은 '내가 가지고 있는 경험과 지식으로 이들에게 도움을 주고 싶다.'였습니다.

대학 졸업 후 처음 일하게 된 출판사의 면접을 보면서 했던 말이 지금도 생각납니다. "왜 이런 직종을 선택했어요?" 하고 면접관이 질문했을 때 저는 "제가 만든 교재로 아이들이 수학 공부를 좀 더 바르고 편하게 하길 바랍니다."라고 자신 있게 대답했습니다. 그렇게 저는 20년 동안 제 꿈을 위해 달렸습니다. 그사이에 학부모가 되었고, 지금은 아이들에게 수학을 가르치며 교재 개발하는 일을 병행하고 있습니다.

주변에서 아이들의 '수학' 때문에 고민하는 수많은 학부모님을 만나며 현장에서 익힌 경험과 아이들을 가르치며 생긴 노하우를 이제는 학부모님들과 함께 나누고 싶다는 새로운 꿈을 갖게 되었습니다. 이것이 제가 지금 이 책을 쓰게 된 가장 큰 이유입니다.

같은 이유로 저는 14만 명이 넘는 초등맘이 모이는 네이버 '초등맘카페'의 대표 수학 선생님 활동을 비롯하여 유튜브 '초등맘TV'에서 '옆집아이 수학공부법' 코너를 진행하고 유튜브 '목동진주언니' 채널을 운영하고 있습니다. 이런 활동을 하며 만나게 된 수많은 학부모님의 질문과 고민글을 보면서 제가 가진 지식이 이분들께 정말 큰 도움이 될 수 있겠다는 확신을 갖게 되었습니다.

우리 아이들이 초등 시절에 만나는 수학은 입시를 위해 시간에 쫓기는 방법으로 학습하는 수학이 아닙니다. 지금은 아이들이 앞으로 해 나가야 할 수학 학습을 위한 기본기를 탄탄하게 다지고, 좋은 습관을 잡아 가야 할 시기입니다. 그리고 수학 학습에 구멍이 생기지 않게 약점이 될 수 있는 단원들을 찾아 잡아 주어야 합니다. 그러기 위해서는 엄마가 알아야 합니다. 어떤 학원도, 어떤 문제집도 아이의 모든 수학 학습을 완벽하게 잡아 줄 수 없습니다.

1장에서는 그동안 제가 만난 수학 잘하는 아이들의 공통점을 바탕으로 수학 잘하는 공부 습관을 만드는 방법에 관한 내용을 담았습니다. 2장에서는 네이버 '초등맘카페'에서 가장 많이 거론되는 엄마들의 끊임없는 질문인 연산, 사고력, 선행, 심화에 대한 궁금증을 해소하기 위한 정보들을 담았습니다. 3장에서는 수학에서 가장 중요한 개념 학습에 관한 이야기를 다루었습니다. 4장에서는 초등 수학에서 구멍이 되기 쉬운 약점 단원을 소개하고 그 해결 방법을 안내했습니다. 5장에서는 아이에게 딱 맞는 초등 수학 문제집을 선택하는 방법에 대해 다루었습니다. 마지막으로 6장에서는 학부모님이 직접 아이의 로드맵을 설정해 줄 수 있도록 학습 로드맵 짜는 방법에 대해 안내했습니다.

초등 시기에 학부모님들이 수학 교육과정과 올바른 수학 학습법에 관한 지식을 가지고 아이들의 수학 학습 방향을 설정해 주면 더 이상 아이들이 수학 때문에 어려움을 겪지 않을 수 있습니다. 저는 이 책이 아이들의 초등 수학 6년 과정 동안 학부모님들의 길잡이 역할을 해 주길 바랍니다.

이 책이 나올 수 있게 도움을 주신 네이버 초등맘카페 운영자이신 도반장님과 진주쌤으로 자리 잡을 수 있도록 가장 큰 도움을 주신 『너, 영어 교과서 씹어 먹어 봤니?』의 저자 이지은 선생님께 감사드립니다. 진주쌤 응원한다고 일흔이 넘은 연세에 인스타그램에 가입하셔서 매일 '좋아요'를 눌러 주시는 사랑하는 엄마와 우리 가족 모두에게 감사 인사를 전하고 싶습니다. 끝으로 아이들의 수학 때문에 고민 중이신 모든 학부모님께 응원의 마음을 전합니다.
아이의 약점을 찾아 잡아 주면 그 약점은 분명 강점으로 바뀔 수 있습니다.

진주쌤 이상숙

차례

프롤로그 약점은 잡으면 강점이 된다 … 4

(1장)
초등 수학 잘하는 공부 습관 만들기
---

01 수학 잘하는 아이들은 무엇이 다를까요? … 16
- 자기주도적으로 스스로 수학 문제를 해결하려고 해요 … 17
- 문제 속에서 답을 찾아내려고 해요 … 18
- 수학 개념에 집중하는 공부를 해요 … 19
- 검산하는 습관을 가지고 있고 풀이 과정을 정리해서 써요 … 20

02 자기주도적으로 수학 공부하는 습관을 잡는 방법 … 22
- 그날 배운 수학 내용을 말로 표현하게 하라 … 24
- 불친절한 문제를 풀게 하라 … 25
- 아이 스스로 학습 계획표를 작성하게 하라 … 27
- **진주쌤 TIP** 오답 노트 없이도 오답 관리하는 방법 … 29

03 수학 문제 속에서 정답을 찾아가는 방법 … 31
- 긴 문제가 오히려 쉽다 … 32
- 문제에서 필요한 말과 필요 없는 말을 구분한다 … 33
- 문제를 해결하는 데 필요한 모든 정보는 문제 안에 들어 있다 … 34
- **진주쌤 TIP** 문장제를 어려워하는 아이를 위한 조언 … 35

04 검산하는 습관을 들이는 방법   38

    어림하여 나온 값과 적은 답 비교해 보기   40
    구한 답을 거꾸로 문제에 대입해 보기   40

05 문제 풀이 과정을 정리해서 쓰는 습관을 잡는 방법   42

    수학 문제 풀이 과정을 왜 써야 하나요?   43
    문제 풀이 과정을 정리해서 쓰는 습관을 기르는 방법   44
    진주쌤 TIP 공부 습관 자체가 잡히지 않은 아이를 위한 조언   47

(2장)

학부모들의 끝나지 않는 질문 4가지
: 연산, 사고력, 선행, 심화

---

01 연산   50

    연산을 잘하면 수학을 잘한다?   51
    연산 속도가 느리면 수능 문제를 풀 때 시간이 부족하다?   52
    아이의 연산 속도에 대한 부모의 막연한 불안감   53
    라떼의 초등 수학과 다르다   54
    연산은 수학 문제를 해결하기 위한 도구이다   55
    연산도 개념 원리가 바탕이 되어야 한다   56
    올바른 연산 학습법이란?   57
    연산 연습은 아이의 성향에 따라 다르게 해야 한다   58
    진주쌤 TIP 저학년 때 연산에서 해 두면 좋은 것   61

02 사고력 수학   62

    사고력 수학은 꼭 해야 할까요?   63
    수학은 다 사고력이지, 사고력 수학이 따로 있나?   63
    가정하기 전략이 방정식이 된다   65
    사고력 수학은 언제 하는 것이 좋을까요?   67
    사고력 수학, 꼭 학원에 보내야 할까요?   68
    사고력 수학을 엄마표로 한다면?   74
    내 아이를 가르쳐 보면 친자 확인을 할 수 있다?   75

03 선행 학습   76

    선행 학습이 필요할까요?   77
    선행 학습이 꼭 필요한 아이들   77
    영재학교 갈 것 아닌데도 선행 학습을 해야 하나요?   79
    올바른 선행 학습이란?   80
    선행을 했더니 아이가 심화 문제를 잘 풀어요   82

03 심화 학습   84

    수학에서 심화 학습이란 뭔가요?   85
    아이의 수준에 맞는 심화 학습   86
    어려운 심화 문제 꼭 풀려야 할까요?   87
    아이가 수학을 잘한다는 착각   89
    100점이라고 다 같은 100점이 아니다   90
    가장 빠르게 진도를 나가는 방법은 다시 돌아가지 않는 것이다   93
    올바른 심화 학습법 - 시간제 학습법 vs 분량제 학습법   94
    엄마표라면 내 아이도 심화 수학을 할 수 있다   95
    진주쌤 TIP 내 아이가 갈 중학교의 학업성취 사항 알아보기   97

(3장)

수포자 방지 프로젝트

01 수학 실력의 절반은 자신감 – 자신감 키우기   100
    엄마의 두려움이 수포자를 만든다   100
    로젠탈 효과를 기억하세요   102
    수학을 싫어하는 이유는 수학을 잘하지 못하기 때문이다   103
    수학에 흥미를 느끼게 해 주는 가장 확실한 방법   104
    공부는 당연히 해야 하는 것이다   105

02 수학 개념에 집중하는 공부를 하라   107
    수학에서 중요하다고 강조하는 '개념'이란 대체 뭔가요?   107
    수학도 암기 과목이다?   108
    수학은 교과서가 최고의 개념서이다   109
    올바른 개념 공부 – 깨끗한 교과서 vs 지저분한 문제집   110
    교과서로 올바르게 개념 학습하기   111
    개념을 정확히 이해했는지 확인하는 방법   116
    개념 이해의 최종 단계는 문제 풀이에 적용시키는 것이다   117
    진주쌤 TIP '왜냐하면…'의 마법   118

03 하나를 알려 주면 열을 아는 아이의 비밀   120
    수학에서는 누구나 하나를 알려 주면 열을 알 수 있다   120
    개념고리 만들기   121
    개념고리 만들기의 힘은 문제를 풀 때 드러난다   123
    진주쌤 TIP 한눈에 보는 영역별 초등 수학 교육과정   125
    개념고리로 연결된 초등 수학 한눈에 보기   127

(4장)
초등 수학 구멍이 되는
약점 단원을 찾아라

01 내 아이 수학 학습의 구멍 찾기   140
    100점이라는 함정에 빠지지 마라   141
    학부모가 아이의 수학 구멍을 제대로 찾을 수 있다   142

02 1학년 수학 약점 단원 찾기   143
    1학년 수학에서 가장 집중해야 할 부분   143
    1학년 수학 첫 번째 약점 단원 – 덧셈과 뺄셈   145
    1학년 수학 두 번째 약점 단원 – 100까지의 수   149

03 2학년 수학 약점 단원 찾기   151
    2학년 수학에서 가장 집중해야 할 부분   151
    2학년 수학 첫 번째 약점 단원 – 세 자리 수   152
    2학년 수학 두 번째 약점 단원 – 곱셈, 곱셈구구   154
    `진주쌤 TIP` 곱셈구구를 쉽게 외우는 방법   158
    2학년 수학 세 번째 약점 단원 – 시각과 시간   160

04 3학년 수학 약점 단원 찾기   162
    3학년 수학에서 가장 집중해야 할 부분   162
    3학년 수학 첫 번째 약점 단원 – 나눗셈   163
    3학년 수학 두 번째 약점 단원 – 분수   166

05 4학년 수학 약점 단원 찾기   170
    4학년 수학에서 가장 집중해야 할 부분   170
    4학년 수학 첫 번째 약점 단원 – 곱셈과 나눗셈   171
    4학년 수학 두 번째 약점 단원 – 평면도형의 이동   173
    4학년 수학 세 번째 약점 단원 – 분수의 덧셈과 뺄셈   175
    4학년 수학 네 번째 약점 단원 – 소수의 덧셈과 뺄셈   177

06 5학년 수학 약점 단원 찾기 — 180

5학년 수학에서 가장 집중해야 할 부분 — 180
5학년 수학 첫 번째 약점 단원 - 자연수의 혼합 계산 — 181
5학년 수학 두 번째 약점 단원 - 약수와 배수 — 182
5학년 수학 세 번째 약점 단원 - 다각형의 둘레와 넓이 — 184
5학년 수학 네 번째 약점 단원 - 수의 범위와 어림하기 — 186
5학년 수학 다섯 번째 약점 단원 - 합동과 대칭 — 188

07 6학년 수학 약점 단원 찾기 — 190

6학년 수학에서 가장 집중해야 할 부분 — 190
6학년 수학 첫 번째 약점 단원 - 분수의 나눗셈 — 191
6학년 수학 두 번째 약점 단원 - 비와 비율 — 194
6학년 수학 세 번째 약점 단원 - 비례식과 비례배분 — 196

(5장)

초등 수학 문제집 파헤쳐 보기

01 문제집은 신데렐라의 구두처럼 딱 맞게 찾아라 — 200

문제집이 신발과 같다고? — 200

02 내 아이에게 딱 맞는 교과 문제집 찾기 — 202

내 아이에게 딱 맞는 문제집을 고르려면? — 202
내 아이에겐 어떤 문제집이 딱 맞을까? — 204
기본 개념서 선택 시 유의사항 — 205
응용서 선택 시 유의사항 — 207
문제 유형서 선택 시 유의사항 — 209
준심화서, 심화서 선택 시 유의사항 — 212
경시문제집 선택 시 유의사항 — 216
진주쌤 TIP 초등학생이 중등 선행하기 좋은 문제집 — 219

03 내 아이에게 딱 맞는 연산 문제집 찾기   221

    내 아이에겐 어떤 연산 문제집이 맞을까?   221
    연산 문제집 선택 시 유의사항   222
    진주쌤 TIP 방문 학습지로 하는 연산   227

04 내 아이에게 딱 맞는 사고력 문제집 찾기   229

    내 아이에겐 어떤 사고력 문제집이 맞을까?   229
    사고력 문제집 선택 시 유의사항   230

(6장)

엄마표 수학
: 내 아이에게 맞는 학습 로드맵 짜기

---

01 아이의 학년과 수준에 따라 로드맵이 달라야 한다   236

02 1~2학년의 수학 학습 로드맵   238

    1~2학년의 수학 학습 로드맵은 연산 수준에 따라 다르게 세운다   238

03 3~6학년의 수학 학습 로드맵   242

    3~6학년의 수학 학습 로드맵은 아이의 교과 수학 수준별로 다르게 한다   242

에필로그 누구나 수학을 잘할 수 있다   250

1장

초등 수학 잘하는 공부 습관 만들기

01

수학 잘하는 아이들은
무엇이 다를까요?

목동에서 아이들에게 수학을 가르치는 일을 해 오면서 수학을 정말 잘하는 친구들을 많이 봤습니다. 이런 아이들은 많은 학부모님에게 부러움의 대상입니다. "○○이는 어떻게 그렇게 수학을 잘할까요?"라고 궁금해하는 분들에게 "수학 잘하는 아이들은 무엇이 다를까요?"라고 제가 역으로 질문을 하면, 대부분의 학부모님은 "수학머리를 타고났겠지요." 또는 "어릴 때부터 많은 시간을 들여 선행 학습을 했겠지요."라고 대답합니다.

그런데 수학을 잘하는 아이들의 공통점을 들여다보니 타고난 수학머리와 같은 특별한 재능은 아니었습니다. 물론 타고난 수학머리가 도움이 되는 아이들도 있겠지만 그것이 수학을 잘하게 하는 결정적인 이유는 아니었습니다.

그럼 수학을 잘하는 아이들이 공통적으로 가지고 있는 것은 무엇일까요?

바로 수학 공부를 할 때 '좋은 습관들'을 가지고 있었습니다. 어떤 습관들인지 지금부터 크게 4가지로 정리해 보겠습니다.

자기주도적으로 스스로 수학 문제를 해결하려고 해요

수학을 잘하는 아이들은 어떠한 수학 문제를 풀든지 간에 자기주도적으로 스스로 해결하려는 습관을 갖고 있습니다. 특히 어렵거나 모르는 문제를 접했을 때 수학을 잘하는 아이들의 특징은 더욱 뚜렷하게 구별됩니다.

이들은 수학 문제를 풀 때 스스로 여러 가지 방법으로 시도해 보고 충분히 고민해서 풀려고 하지, 바로 질문을 하거나 해설지를 보고 빨리 정답을 구하려고 하지 않습니다. 어떤 문제를 설명해 주면 집중해서 잠시 듣다가 얼마 지나지 않아서 "아! 저 알 것 같아요. 이 문제 제가 풀어 볼게요." 하고 설명을 멈추게 합니다. 이런 행동은 바로 자기주도적으로 스스로 문제를 풀려고 하는 습관에서 나오는 것이지요.

본인이 모르거나 틀린 문제에 대해서 질문하는 방식도 보통의 아이들과 다릅니다. 대개는 모르거나 틀린 문제를 질문할 때 "선생님, 저 이 문제 모르겠어요." 또는 "몇 번 문제 모르겠어요."라고 말합니다.

하지만 수학을 잘하는 아이들은 "선생님, 제가 여기까지는 풀었는데요. 여기서부터 이 부분을 잘 모르겠어요."라며 본인이 무엇을 알고 무엇을 모르는지 메타인지가 정확하게 된 상태에서 질문을 합니다. 심지어 본인이 풀었지만 틀린 방법을 저에게 설명해 주면서 본인의 풀이가 왜 틀렸는지, 어디서부터 틀렸는지를 알고 싶다고 질문하기도 합니다.

이렇게 수학을 잘하는 아이들은 수학 문제를 자기주도적으로 스스로 해결하려는 습관을 가지고 있습니다.

문제 속에서 답을 찾아내려고 해요

수학을 잘하는 아이들은 수학 문제를 풀 때 문제 속에서 답을 찾아내려고 합니다. 제가 본 수학을 잘하는 아이들은 기본적으로 어휘력과 이해력이 좋았습니다. 책을 많이 읽은 아이가 수학도 잘한다는 이야기는 학부모님들도 귀가 아프게 들어봤을 거예요.

그런데 무조건 책만 많이 읽으면 수학을 저절로 잘하게 될까요? 물론 아닙니다. 수학은 어휘력과 이해력뿐 아니라 문제해결력을 필수로 갖추어야 잘할 수 있는 과목입니다. 따라서 어휘력과 이해력만 좋다고 저절로 수학을 잘하게 되지는 않습니다. 하지만 어려서부터 책을 많이 읽어서 어휘력과 이해력이 좋은 아이들은 수학적 문제해결력을 키우는 데 상당히 유리한 조건을 갖추고 있는 셈이죠.

이런 수학적 문제해결력은 후천적으로 배우고 연습해서 키워 낼 수 있는 능력이지, 흔히 말하는 수학머리처럼 타고나는 능력은 아닙니다. 수학을 잘하는 아이들은 공통적으로 수학 문제를 접하면 가장 먼저 문제를 정확하게 이해하려고 애쓰고, 문제에서 구하려고 하는 것과 문제에 주어진 조건들을 꼼꼼하게 파악하여 가장 최적의 방법을 찾아 답을 구하려고 합니다. 즉 문제 속에서 답을 찾아내려고 하는 습관을 가지고 있습니다.

수학 개념에 집중하는 공부를 해요

수학을 잘하는 아이들은 수학 개념에 집중하는 공부를 합니다. 얼마 전에 수학을 잘하고 좋아하는 학생에게 "너는 수학이 왜 좋으니?"라고 물어보았습니다. 그 학생은 "수학은 영어 단어처럼 달달 외우지 않아도 되고 개념만 잘 이해하면 모든 게 다 해결되거든요."라고 답했습니다.

저는 이 학생이 공부하는 모습을 옆에서 지켜보면서 '개념만 잘 이해하면…'이라는 말의 의미를 알 수 있었습니다. 이 학생은 처음 배우는 수학 개념을 접하면 그 개념이 적용되는 대표 문제를 풀어 보면서 개념이 문제 속에 어떻게 녹아 있는지, 자기가 배운 개념이 문제에서 어떤 식으로 활용되는지 등 모든 과정을 개념 이해 단계로 인식했습니다. 그리고 하나의 개념을 제대로 이해하면 배우지 않은 다른 연관 개념까지도 이끌어 내어 생각했습니다.

실제로 수학은 개념과 개념이 촘촘하게 연결되어 있어서 하나의 개념을 정확하게 알면 연관 개념도 줄줄이 이해할 수 있는 과목입니다. 수학을 잘하는 아이들은 이 부분을 명확히 인지하고 있고, 수학 개념의 원리를 하나하나 정확히 배우려는 습관이 잘 잡혀 있습니다.

검산하는 습관을 가지고 있고 풀이 과정을 정리해서 써요

수학을 잘하는 아이들은 검산하는 습관과 문제 풀이 과정을 정리해서 쓰는 습관이 몸에 배어 있습니다. 아무리 어려운 문제를 잘 풀어냈다 하더라도 사소한 계산 실수로 답이 틀리면 아무 소용이 없습니다. 수학을 잘하는 아이들은 검산하는 습관을 통해 실수로 틀리는 문제 수가 적습니다. 문제를 푼 다음에 제대로 풀었는지 다시 한번 검토해 보는 습관은 수학 실력을 마무리 짓는 가장 중요한 습관입니다.

또 평소에 수학 문제를 풀 때마다 풀이 과정이나 식을 연습장에 정리하며 쓰는 습관을 지니고 있습니다. 식을 알아보기 쉽게 정리해서 문제를 풀면 답이 틀렸을 경우 어디에서 틀렸는지 바로 찾아내어 고칠 수 있고, 따로 시간을 내지 않아도 평소에 자연스럽게 자신의 풀이 방법을 논리적인 흐름에 따라 표현하는 연습을 할 수 있습니다.

좋은 습관은 어릴수록 들이기 좋다고 여러 전문가가 말합니다. 따라서 중학교, 고등학교까지 수학을 잘하기 위해서는 초등학교 시절부터 좋은 습관을 익히는 것이 중요합니다. 지금부터 아이들에게 위에서 말한 4가지 습관을 만들어 주려면 어떻게 해야 할지 구체적인 방법을 알아보겠습니다.

자기주도적으로
수학 공부하는 습관을 잡는 방법

수학을 잘하는 아이들은 어떤 수학 문제를 풀든 자기주도적으로 해결하려는 습관을 지니고 있습니다. 학부모 입장에서 볼 때 가장 부러운 부분입니다. 수학뿐 아니라 어떤 과목을 공부하건 간에 자기주도학습이 매우 중요하다는 사실을 모르는 학부모님은 없을 것입니다. "우리 아이한테는 자기주도적인 공부 습관이 없어요."라며 걱정하는 학부모님들의 자녀들을 살펴보면 아이에게 자기주도적으로 공부할 능력이 없는 것이 아니라 아이가 스스로 공부할 기회를 얻지 못하고 있었습니다.

많은 초등학생이 수학 학원에 다니면서 학원에서 커리큘럼을 짜 주는 대로 진도를 나가고, 학원에서 준비해 오라는 수업 교재를 사고, 선생님이 정해 주는 분량으로 숙제를 합니다. 그렇다면 학원에 다니지 않고 집에서 엄마표로 공부하는 아이들은 뭐가 다를까요?

엄마가 아이의 수준에 맞는 문제집을 잘 골라서 세팅합니다. 그 문제집으로 수학 공부를 하다가 모르는 문제가 나오면 엄마가 아이에게 무엇을 묻는 문제인지 설명해 주고, 아이가 푸는 과정을 지켜보고, 채점을 한 뒤 틀린 부분을 바로잡아 줍니다. 학년이 올라가서 엄마표가 어렵다면 과외 선생님이 이 역할을 대신 해 주기도 합니다.

이렇게 학원을 다니든 엄마표로 공부하든 아이들이 스스로 무엇인가를 하기 전에 이미 모든 것이 짜여 있습니다. 아이들이 자기주도적으로 공부하는 습관을 잡기에 가장 큰 문제가 여기에 있습니다.

그러면 어떻게 하면 아이들에게 자기주도적으로 수학 공부를 하는 습관을 들일 수 있을까요? 사교육이나 부모님의 도움을 전혀 받지 않게 하고 모든 것을 아이 스스로 해결하게 해야 할까요? 극단적으로 모든 것을 아이에게 스스로 해결하게 하라는 이야기를 하려는 것이 아닙니다. 지금부터 아이들에게 자기주도적인 수학 공부 습관을 갖게 하는 데 부모가 해 줄 수 있는 방법 3가지를 설명하겠습니다.

그날 배운 수학 내용을 말로 표현하게 하라

단 10분이라도 꼭 아이가 그날 배운 수학 내용을 말로 표현할 기회를 주는 방법입니다. 수학은 문제를 해결하는 과정이 매우 논리적이어서 개념을 정확하게 이해하지 못하면 말로 설명할 수 없습니다. 배운 내용을 말로 표현하게 하면 아이는 수학 개념을 확실하게 이해해야 설명할 수 있기 때문에 평소보다 깊이 있는 사고를 할 수밖에 없습니다. 그래서 그날 배운 내용을 엄마에게 설명하게 하면 평소에 적당히 이해하고 끝내던 공부 습관을 버릴 수 있게 됩니다.

꼭 수학 문제를 풀어야만 수학 공부를 하는 것은 아닙니다. 배운 개념을 말로 표현하면서 논리적으로 본인의 생각을 정리해 보는 경험은 아이에게 훨씬 효과적인 수학 공부법이 될 수 있습니다. 한 가지 팁을 알려 주자면 "오늘은 수학 공부하면서 무엇을 배웠니?"보다는 "오늘 배운 내용에서 너는 어떤 것이 궁금했니?"라고 질문하세요.

"너는 그것이 왜 궁금했니?", "너는 어떻게 생각하니?"와 같은 질문은 아이가 배운 내용에 대해 스스로 반성적인 사고를 할 수 있도록 도와줍니다. 그것이 궁금한 이유와 자기 나름의 결론을 생각해 보게 하는 질문은 아이의 수학적인 사고를 키워 줄 뿐만 아니라 자기주도적으로 문제를 해결하려는 습관을 들이는 데 도움이 됩니다.

실제로 저는 아이들을 가르칠 때 저한테 모르는 문제를 질문하면 절대로 처음부터 문제를 풀어 주지 않습니다. "자, 네가 풀 수 있는 부분까지 풀어서 적고, 선생님한테 어디까지 어떻게 풀었는지 설명을 해 봐."라고 합니다. 그러면 아이가 선생님에게 어디까지 풀었는지 설명하려고 다시 풀어 보는 과정에서 "아! 알겠어요. 혼자 풀 수 있어요." 하고 스스로 답을 찾게 되는 경우가 꽤 많습니다.

불친절한 문제를 풀게 하라

아이에게 불친절한 문제를 풀게 합니다. 요즘 문제집들은 참으로 친절합니다. 어려운 문제 옆에 문제의 힌트가 깔끔하게 정리되어 있다거나 문제 유형별로 대표 유형명이 잘 정리되어 있어서 제목만 봐도 그 문제를 어떤 방식으로 풀어야 하는지 바로 알 수 있게 나온 교재도 많습니다.

그런데 교재의 결정적인 힌트는 학생의 자기주도적 학습 능력을 저하시키기도 합니다. 예를 들어 '최대공약수의 활용'이라는 문제 유형명만 보아도 아이들은 문제를 다 읽지 않고 주어진 숫자로 무조건 최대공약수를 구해서 답을 찾기도 하거든요.

그래서 저는 아이들에게 문제를 풀릴 때 접착식 메모지를 이용해서 이런 부분을 가리고 풀게 합니다. 문제 옆에 바로 힌트나 유형명이 없으면 아이는 이 문제를 최대공약수를 이용해야 하는지, 최소공배수를 이용해야 하는지 등 문제를 어떻게 풀어야 할지 고민하기 때문입니다.

접착식 메모지를 이용해서 가리고 푼 문제

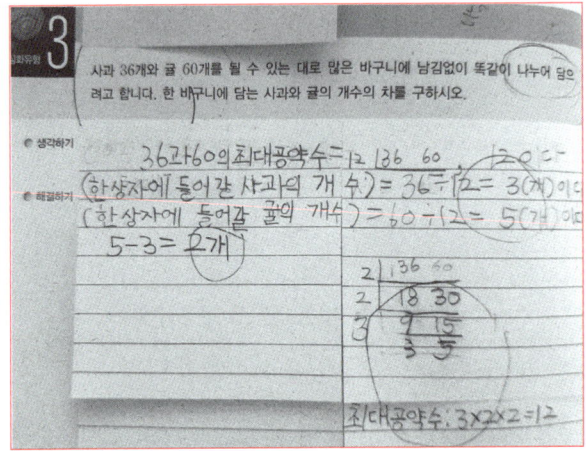

『최상위 초등수학 5-1』 문제 중 일부, 디딤돌교육(학습)

접착식 메모지를 떼어 내고 중요 부분 다시 한번 짚어 주기

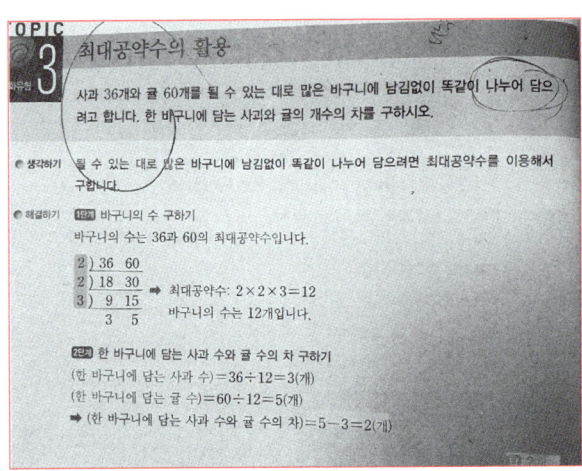

『최상위 초등수학 5-1』 문제 중 일부, 디딤돌교육(학습)

간혹 아이가 모르겠다고 하면 해설지를 주며 "네가 읽어 보고 스스로 이해해 봐."라고 하는 학부모님이 있는데 아이가 해설을 읽고 문제를 이해했다고 해서 그 수학 문제를 자기 스스로 해결한 것은 아니라는 사실을 알아야 합니다. 해설지나 선생님의 설명을 듣고 '이해'를 한 것이지 수학 문제를 '해결'한 것이 아니기 때문입니다.

수학은 이해력과 문제해결력을 모두 필요로 하는 과목입니다. 선생님의 설명을 듣고 이해했든, 해설지를 보고 이해했든 결국 마지막에 그 수학 문제는 아이가 스스로 다시 풀고 넘어가야 한다는 점을 꼭 기억해 주세요.

수학은 문제를 많이 푼다고 해서 실력이 늘어나는 과목이 아닙니다. 적은 수의 문제를 풀더라도 모든 문제를 본인 스스로 충분히 고민하고 해결해야 진짜 자기 실력이 쌓이는 과목입니다. 기본적으로 부모는 아이가 스스로 공부하다가 뭔가가 필요하다고 할 때 도와주는 역할이지 모든 것을 계획하고 이끌어 주는 역할이 아닙니다.

아이 스스로 학습 계획표를 작성하게 하라

아이 스스로 학습 계획표를 작성해 볼 기회를 주어야 합니다. 아이가 스스로 학습 계획을 세워 보는 것은 수학뿐만 아니라 자기주도적인 학습 습관을 갖는 데 좋은 경험이 됩니다. 아이가 아직 초등학교 저학년이라면 스스로 학습 계획을 세우기 어려워할 수 있지만 익숙해질 때까지 부모님이 옆에서 도와주면 됩니다.

    예를 들어 아이에게 오늘 또는 이번 주에 네가 해야 할 공부를 쭉 말해 보라고 한 후에 빠지거나 보충해야 할 것이 있으면 옆에서 알려 줍니다. 그다음에 그 공부들을 하는 데 걸리는 시간을 예상해 보게 하고, 아이에게 우선순위를 매겨 보게 합니다.

    이렇게 본인이 해야 할 공부를 우선순위에 맞춰 정리하는 방법을 익히고, 시간에 맞춰 해야 할 공부를 분배할 수 있는 능력을 키우면 아이가 중학생, 고등학생이 되어서까지 자기주도적인 공부 습관을 갖는 데 매우 큰 도움이 됩니다.

진주쌤 TIP

오답 노트 없이도
오답 관리하는 방법

접착식 메모지 활용 방법

학생들이 문제를 풀고 나서 틀린 경우, 또는 힌트나 선생님의 설명을 듣고 문제를 푼 경우에는 반드시 힌트 없이 스스로 한 번 더 풀고 넘어가게 하는 것이 중요합니다. 이럴 때 접착식 메모지를 사용하면 편리합니다. 이 방법은 오답 노트를 따로 만들지 않아도 간편하게 오답을 관리할 수 있습니다. 나중에 접착식 메모지가 붙어 있는 문제들에만 따로 새로운 접착식 메모지를 붙여서 다시 한번 풀어 보는 방법으로 오답 노트 역할도 할 수 있습니다.

교재의 유형명이나 친절한 힌트들은 각자 그 교재의 콘셉트와 기획 의도에 맞춰 작성된 부분들이지만 자기주도적으로 문제를 풀 때 방해 요소가 될 수 있습니다. 그래서 저는 아이들에게 힌트나 유형명을 다 가리게 한 뒤 스스로 다 푼 다음에 접착식 메모지를 떼어 내고(접착식 메모지를 사용하는 이유입니다. 간편하게 떼어 내고 붙이기 좋습니다.) 교재에 적혀 있는 힌트나 유형명을 확인시켜 주며 다시 한번 정리가 되도록 짚어 줍니다.

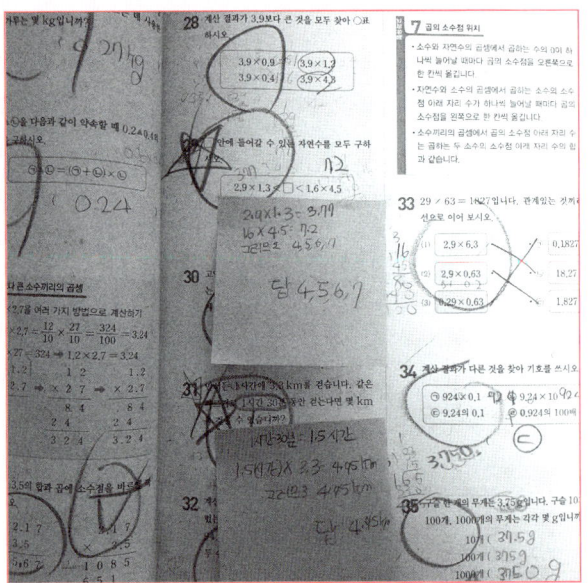

『디딤돌 초등수학 응용편 5-1』문제 중 일부, 디딤돌교육(학습)

03

수학 문제 속에서 정답을 찾아가는 방법

수학을 잘하는 아이들은 수학 문제를 접하면 가장 먼저 문제를 정확하게 이해하려고 애쓰고, 문제에서 구하려고 하는 것과 문제에 주어진 조건들을 꼼꼼하게 파악하여 가장 최적의 방법을 찾아 답을 구합니다. 즉 문제 속에서 답을 찾아내려고 하는 습관을 가지고 있습니다. 지금부터 아이들이 문제 속에서 답을 찾아내려는 습관을 갖기 위해 알고 있어야 할 것들에 대해서 이야기해 보겠습니다.

긴 문제가 오히려 쉽다

저는 아이들이 문제를 풀기 전에 "문장제에서는 문장이 길수록 쉬운 문제다."라는 말을 꼭 먼저 해 줍니다. 여러 학문과 실생활에서 수학을 이해한다는 취지로 몇 년 전에 스토리텔링 수학이 처음 등장했을 때 저는 출판사에서 수학 교재를 개발하는 일을 하고 있었습니다. 당시 교재개발부에 있던 많은 사람들이 기존 형태와 다른 낯선 수학 문제들을 개발하기 위해서 굉장히 애를 썼습니다.

다양한 상황과 이야기로 스토리텔링하다 보니 수학 문제의 문장들이 길어졌습니다. 아이들은 일단 문장이 길면 어렵다고 느끼기 때문에 문제를 제대로 파악하기도 전에 이미 본인이 풀기엔 어려운 문제라고 판단하고 포기해 버리는 경우가 많습니다. 그런데 실제로 이런 문제를 출제할 때 문장은 길어지더라도 수학 문제 자체의 난이도에는 변함이 없게 출제합니다.

오히려 문장이 길어지면 아이들의 체감 난이도가 높아지므로 수학 계산이 복잡하거나 어려운 문제 유형은 스토리텔링 문제나 STEAM[과학Science, 기술Technology, 공학Engineering, 인문·예술Arts 그리고 수학Mathematics의 머리글자를 딴 용어. 과학기술에 대한 학생들의 흥미와 이해를 높이고, 과학기술 기반의 융합적 사고력과 실생활 문제해결력을 함양하기 위한 교육] 문제처럼 문장이 긴 문제 유형으로는 선택하지 않습니다. 따라서 아이들에게 문장이 긴 문제가 생각처럼 어려운 문제는 아니라고, 오히려 수학적으로는 더 쉬운 문제라는 사실을 미리 알게 해 주는 것이 좋습니다.

문제에서 필요한 말과 필요 없는 말을 구분한다

아이에게 실제로 수학 문제를 풀 때 문제의 지문에서 해결 과정에 필요한 부분과 필요 없는 부분을 가려내면 문제가 쉬워진다는 사실을 먼저 알려 주세요. 다음 문제처럼 수학 문제를 풀 때 실제로는 필요 없는 말부터 찾아서 표시하도록 가르쳐 주고, 그 지문을 제외하고 수학 문제를 풀 때 필요한 조건만 찾아내면 문제가 간단해진다는 것을 인지시켜 주세요.

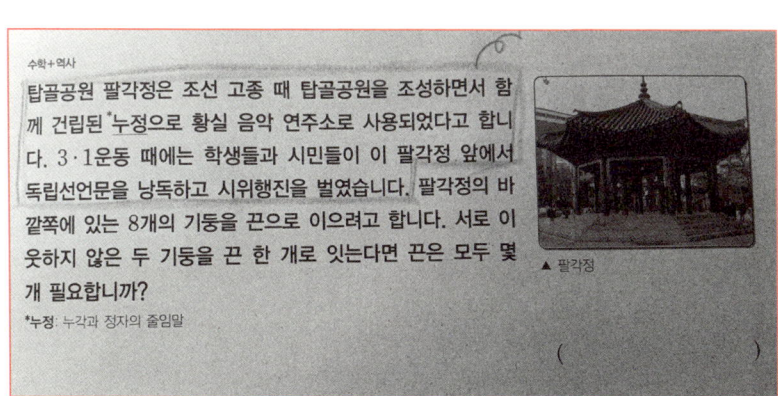

『최상위 초등수학 4-2』 문제 중 일부, 디딤돌교육(학습)

문제를 해결하는 데 필요한 모든 정보는 문제 안에 들어 있다

✔

실제로 아이들이 접하는 수학 문제는 문제만 제대로 읽으면 대부분 풀 수 있습니다. 수학 문제에는 그 문제를 해결하는 데 필요한 모든 정보가 들어 있기 때문입니다. 문제를 해결하려면 문제에서 주어진 조건을 모두 찾아 사용해야 한다는 것을 알아야 합니다. 주어진 조건을 알맞게 찾아내어 문제를 제대로 해결하기 위해서는 먼저 문제를 분석할 수 있어야 합니다.

긴 문장제를 끊어 읽고 무엇을 구하려고 하는지부터 파악하는 것이 중요합니다. 다음과 같은 방법으로 빗금을 이용하여 문제를 끊어 읽고, 동그라미를 활용하여 문제에 주어진 조건을 찾고, 구하려는 것이 무엇인지 정확하게 표시하기 등의 방법을 활용하여 문제를 분석하는 습관을 지닐 수 있도록 지도해 주세요.

(684)에 어떤 수를 곱해야 하는데 / 잘못하여 나누었더니 / 몫이 12로 나누어떨어졌
  조건①   조건②   조건③
습니다. / 바르게 계산한 값은 얼마인지 풀이 과정을 쓰고, 답을 구하시오.
            구하려는 것

[풀이]

[답]

『힌트북 초등수학 4-1』 문제 중 일부, 슬기로운공부

진주쌤 TIP

문장제를 어려워하는
아이를 위한 조언

저학년 아이가 스스로 문제를 만들어 보게 하라

저학년의 경우 계산은 잘하는데 문장으로 된 문제를 유독 어려워하여 자주 틀리는 아이들이 있습니다. 학부모님들은 아이가 문제를 건성으로 읽고 푼다고, 꼼꼼하지 못하다고 걱정합니다. 그런데 실제로는 아이가 문제를 건성으로 대충 읽은 게 아니라 문제에서 묻는 내용이 무엇인지 제대로 이해하지 못했을 가능성이 더 큽니다. 글자를 읽을 줄 알아도 쓰인 내용의 의미나 상황을 제대로 파악하지 못해 문제를 이해하지 못하는 것이지요.

저학년 아이가 문장제를 읽고 식을 세우는 것은 쉽지 않습니다. 정답은 알지만 식을 써서 말로 설명해 보라고 하면 아주 싫어하거나 매우 어려워하고요. 그런데 식을 세우는 힘을 키우지 않으면 이 아이에게 문장제는 앞으로도 계속 어려울 수밖에 없습니다.

그렇다면 문장제를 읽고 식을 세우는 힘을 키우기 위해서는 어떤 연습을 하면 좋을까요? 문장제를 푸는 힘을 기르기 위해서는 아이 스스로 직접 문제를 만들어 보도록 하는 것이 가장 좋습니다.

3×5=15와 같은 곱셈식을 배우는 시기라면 "한 봉지에 사탕이 3개씩 들어 있습니

다. 사탕을 3봉지 샀다면 사탕은 모두 몇 개일까요?"와 같이 지금 배우고 있는 계산식에 대한 문장제를 아이에게 직접 만들어 보게 해 주세요. 이렇게 하면 아이는 자기가 실제로 경험했던 상황과 소재들을 떠올리며 문제를 만들려고 할 것입니다. 자기가 겪었던 사실이나 체험 상황을 이용하여 문제를 만드는 연습은 수학에서 식을 세우는 힘뿐만 아니라 자기 경험을 글로 표현하는 힘까지 기를 수 있어서 일석이조의 효과가 있습니다. 이 과정을 통해서 아이는 문장의 내용을 파악하는 힘을 기르고, 문제를 푸는 실력도 눈에 띄게 향상될 수 있습니다.

단 이렇게 자기가 배우고 있는 계산식에 대한 문장을 만들어 보는 활동은 계산식이 길고 복잡하면 매우 어려운 과정이 될 수 있습니다. 그러므로 상대적으로 쉬운 계산식을 배우는 저학년 시기에 많은 문제를 만들어 보고, 식을 세우고, 계산하고, 답을 구하는 습관을 키워 주는 것을 추천합니다.

고학년 문장제 유형의 바탕이 되는 기본 유형 문제를 파악하라

계산식에 대한 문장을 직접 만들어 보는 활동은 계산식이 복잡해지는 고학년에서는 시간이 오래 걸리고 아이들이 힘들어해서 실천하기 어려울 수 있습니다. 따라서 고학년의 경우는 문장제 유형도 결국에는 수학의 기본 문제를 변형한 문제 유형임을 가르쳐 주는 것이 좋습니다. 문장제를 접했을 때 그 문장제에 포함된 기본 유형 문제가 무엇인지를 역으로 파악하는 연습을 하면 문장제를 해결하기 위한 식을 세우는 데 큰 도움이 됩니다.

다음은 흔히 보는 단순 계산식 문제가 여러 가지 문장제 유형으로 변형되는 예시들입니다.

기본 유형

☐ 안에 알맞은 분수를 써 넣으세요.

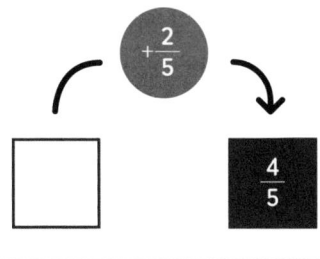

문장제 유형 ❶

어떤 분수에 $\frac{2}{5}$를 더했더니 $\frac{4}{5}$가 되었습니다. 어떤 분수를 구하세요.

문장제 유형 ❷

지수가 가지고 있던 점토에 성희의 점토 $\frac{2}{5}$kg을 합하였더니 모두 $\frac{4}{5}$kg이 되었습니다. 지수가 가지고 있던 점토는 몇 kg일까요?

검산하는 습관을
들이는 방법

04

 수학을 잘하기 위해서 꼭 필요한 습관 중 하나는 검산하기입니다. 검산은 문제를 푼 다음에 제대로 풀었는지 다시 한번 검토해 보는 것입니다. 검산이 중요한 이유는 아무리 어려운 문제를 잘 풀어냈다 하더라도 사소한 계산 실수로 정답을 틀리면 시험 결과에 큰 영향을 끼치기 때문입니다.

 그런데 사실 아직 어린 초등학생이 완벽한 검산 습관을 지니기는 쉽지 않습니다. 대부분의 아이는 검산 습관이 들여져 있지 않다고 해도 무방할 정도입니다. 검산은커녕 자기가 문제를 다 풀었는지조차 확인하지 않는 아이도 많고, 심지어 문제집에서 한두 페이지씩 건너

뛰고 풀어 놓고서는 문제를 다 풀었다고 하는 아이도 종종 있습니다.

도대체 왜 그런 것일까요? 그 이유는 바로 문제집을 풀 때도, 시험을 볼 때도 평소 공부하던 습관대로 문제를 풀기 때문입니다. 대부분의 아이에게는 매일 수학 학원이나 엄마가 제시하는 일정량의 문제집 풀이 숙제가 주어집니다. 아이들은 빨리 끝내고 놀고 싶으니까 평소에 허겁지겁 문제를 풀며 숙제를 끝내려 합니다. 이렇게 자기에게 주어진 일정 분량의 숙제를 빨리 끝내려고 하는 아이들의 평소 습관 때문에 수학에서 정말 중요한 검산 습관을 갖기 어려운 것입니다.

그렇다면 어떻게 해야 아이들에게 검산하는 습관을 갖게 할 수 있을까요?

아직 검산 습관이 잡히지 않은 아이라면 조금 귀찮더라도 엄마가 "검산은 했니?", "대충 풀고 끝낸 문제들은 없니?", "빠뜨린 문제는 없니?"와 같이 물어보고 검산의 필요성을 상기시키며 습관을 잡아 가는 수밖에 없습니다. 아이에게 수학 문제 풀이는 속도보다 정확도가 훨씬 중요하다는 사실을 일깨워 주어야 합니다.

하지만 모든 문제를 다 반복해서 풀어서 확인해야만 검산을 제대로 한 것은 아닙니다. 아이에게 모든 문제를 두 번씩 풀어 보게 하기는 어렵습니다. 그렇다면 어떤 문제를 검산하면 좋을지, 어떻게 검산하는 것이 효과적인지, 검산하는 습관을 들일 수 있는 구체적인 방법을 알려 드리겠습니다.

어림하여 나온 값과 적은 답 비교해 보기

문제를 풀어 답을 구했다면 수를 어림해서 확인해 보게 하여 아이가 계산해서 나온 값과 비슷한지 파악하게 해 주세요.

예를 들어 5.2÷4와 같은 나눗셈 문제를 풀었다면 정답은 1.3입니다. 그런데 오답을 적은 아이들을 보면 소수의 자릿값을 잘못 계산해서 0.13이라든가 13이라든가 아무 상관없는 2.XX라든가 하는 식으로 다양한 오답이 있습니다.

이때 5.2는 5와 근접한 수이고, 나누기 4를 하면 5에는 4가 한 번밖에 안 들어가는 수의 크기이니, 정답은 1과 비슷한 수가 나와야 한다는 것을 생각해 보게 합니다. 계산한 결과가 1과 크기가 비슷하지 않은 0.13, 13 등과 같은 수가 나왔다면 잘못 계산한 것이라는 걸 바로 알아채야 하고, 이런 경우에는 꼭 검산으로 다시 정확한 값을 계산해야 한다고 지도해 주세요.

구한 답을 거꾸로 문제에 대입해 보기

구한 답을 문제에 거꾸로 대입해서 결과가 맞는지 확인하게 해 주세요. 가장 기본적이고 간편한 검산 방법입니다. 예를 들어 5학년 1학기 4단원 약분과 통분 단원에서 자주 나오는 다음 문제를 살펴보겠습니다.

> 분모의 곱을 공통분모로 하여 통분한 것입니다. ㉠과 ㉡에 알맞은 수를 각각 구하세요.
>
> $$\left(\frac{3}{8}, \frac{5}{9}\right) \rightarrow \left(\frac{㉠}{72}, \frac{40}{㉡}\right)$$
>
> ㉠ [   ]   ㉡ [   ]

이 문제에서 ㉠에 알맞은 수는 27, ㉡에 알맞은 수는 72입니다. 이렇게 답을 구했다면 거꾸로 ㉠과 ㉡에 구한 답을 대입하여 $\frac{27}{72}$과 $\frac{40}{72}$을 만들고 거꾸로 다시 약분을 해 봅니다. $(\frac{27}{72}, \frac{40}{72})$을 약분해서 기약분수로 나타내었을 때 문제에 주어진 $(\frac{3}{8}, \frac{5}{9})$가 나왔다면 맞게 계산한 것입니다.

만약 구한 답을 대입해서 약분했을 때 문제에 주어진 조건과 같은 수가 나오지 않는다면 답을 잘못 계산한 것임을 알고 문제를 다시 풀어 볼 수 있도록 지도해 주면 됩니다. 매우 당연하고 기본적인 방법인데 아이들은 구한 답을 거꾸로 대입해 본다는 단순한 생각도 하지 못할 수 있습니다.

이런 유형의 문제는 구한 답을 거꾸로 대입해서 확인해 보라고 한두 번만 알려 주어도 효과가 좋은 방법이니 아이들에게 꼭 인지시켜 주고 평소에도 잘 활용할 수 있도록 지도해 주세요.

05 문제 풀이 과정을 정리해서 쓰는 습관을 잡는 방법

아이가 수학 문제를 푸는 과정에서 풀이 과정이나 식을 쓰지 않는 가장 큰 이유는 머릿속에서 문제 풀이 과정을 정리하는 능력이 부족하기 때문입니다. 또 문제를 풀어서 답만 맞히면 되지 풀이 과정을 왜 써야 하는지 그 필요성에 대해서 인지하지 못하기 때문입니다. 아이에게 수학 문제 풀이 과정을 정리해서 쓰는 습관을 갖게 하려면, 먼저 수학 문제를 풀 때 풀이 과정을 왜 써야 하는지 그 필요성을 이해시켜야 합니다.

수학 문제 풀이 과정을 왜 써야 하나요?

✓

　수학 문제를 풀 때 계산식을 문제집의 한 귀퉁이 또는 연습장 여기저기에 본인도 알아보지 못할 글씨로 대충 써 가며 풀고서는 답만 맞히면 된다고 생각하는 아이를 많이 보아 왔습니다. 심지어 서술형 문제여서 풀이 과정을 자세히 써야 하는데도 불구하고 정말 간단한 계산식 한 줄 정도만 성의 없는 글씨로 적어 두는 아이도 많습니다.

　이런 아이에게는 근본적으로 풀이 과정을 왜 정리해 가며 문제를 풀어야 하는지 그 필요성에 대해 먼저 인지시켜 주는 것이 중요합니다.

　"언뜻 보면 시간이 오래 걸리고 귀찮은 방법 같을 거야. 하지만 문제를 풀어 가는 과정을 알아보기 쉽게 바른 글씨로 잘 정리해 가며 답을 찾아가면, 혹시 틀린 답이 나왔을 때 어디에서 실수가 있었고, 어디서부터 잘못됐는지 찾기가 쉬워. 다시 처음부터 문제를 풀지 않아도 되고 틀린 부분부터 고치면 되기 때문에 문제를 다시 푸는 시간을 절약할 수 있어서 결과적으로는 너에게 더 유리한 방법이야."라며 이해시켜 주세요.

　특히 서술형 문제의 경우는 본인의 답을 찾아가는 과정이 논리적으로 옳다는 것을 보여 주고 선생님이나 채점자에게 내가 옳은 방법으로 답을 찾았다는 것을 인정받아야 하는 과정이라는 것을 알려 주세요. "네가 올바른 풀이 방법으로 답을 찾았다는 것을 이렇게 단순한 식 한 줄로 증명할 수 있겠니?", "네가 선생님이라면 이렇게 쓴 식을 보고 이 친구가 문제를 어떤 방법으로 해결했는지 알 수 있겠니?"와 같은 질문을 해 주세요.

문제 풀이 과정을 정리해서 쓰는 습관을 기르는 방법

아이가 풀이 과정 쓰기의 필요성을 인지했다고 해도 그 습관이 하루아침에 생겨나는 것은 아닙니다. 특히나 머릿속에서 문제 풀이 과정을 정리하는 능력이 부족한 아이라면 더욱 어렵습니다. 문제 풀이 과정을 정리해서 쓰는 습관을 기르기에 좋은 2가지 방법을 알려 드리겠습니다. 서술형 풀이 쓰기를 어려워하는 아이한테도 도움이 되는 방법이니 꼭 한 번씩 해 보길 바랍니다.

문제 풀이 방법을 말로 설명해 보기

이 방법은 아이가 풀이 과정을 아예 쓰지 못할 때 시도해 보면 좋습니다. 아이가 수학 문제를 풀어서 답을 맞혔다면 답이 맞았음을 알려 주고, 방금 푼 문제의 풀이 방법을 말로 설명해 보게 하세요. 아이는 일단 본인이 푼 문제의 정답을 맞혔기 때문에 자신 있게 그 문제의 풀이 방법을 말로 설명할 수 있습니다.

그다음에 "방금 네가 말한 그대로 지금 한 번 글로 적어 봐."라고 합니다. 아이는 방금 풀이 과정을 말로 설명하면서 머릿속에서 그 과정이 한 번 정리되었기 때문에 글로 풀이 과정 쓰는 것을 덜 힘들어합니다. 이때 주의할 점은 아이의 풀이가 다소 미흡하고 논리적이지 못하더라도 반복해서 다시 쓰게 시킨다거나 억지로 바로 잡아 주려고 하지 않는 것입니다.

글로 풀이 과정을 쓰는 것에 부담이 없어야 꾸준하게 연습할 수 있습니다. 이 방법으로 꾸준히 연습하면 아이는 풀이 과정을 서술할 때 막연한 두려움과 어려움을 극복할 수 있습니다.

모범 답안을 보며 따라 써 보기

이 방법은 아이가 풀이 과정을 쓰긴 하지만 내용이 미흡하거나 풀이 과정의 전개가 서툰 경우에 시도해 보면 좋습니다. 처음에는 스스로 문제를 풀며 풀이 과정을 나름대로 서술해 보게 하고, 그다음에 해설지에 나와 있는 풀이 과정을 본인의 풀이 방법과 비교해 보며 공책이나 연습장에 그대로 따라서 적어 보게 합니다.

저는 기본적으로 아이에게 해설지를 보게 하는 걸 반대하지만, 아이가 서술형 풀이나 식을 쓰기 어려워해서 연습이 필요할 때는 해설지를 보게 합니다. 이렇게 잘 정리된 해설지의 모범 답안이나 선생님이 정리해 주신 식 등을 보면서 따라 적다 보면 아이에게도 풀이 방법을 정리하는 능력이 점차 생기게 됩니다.

실제로 제가 교재 개발에 참여했을 때 저학년의 문장제 풀이나 서술형 풀이는 교재에 직접 따라 쓸 수 있도록 풀이 과정을 연한 글씨로 제시하고 아이가 제시된 글씨 위에 따라 써 보도록 기획해서 만든 교재들이 있었습니다. 그 이유는 바로 이 방법을 연습시키기 위해서였습니다. 처음부터 완벽한 풀이 과정을 적어 내기 어려울 경우 이렇게 잘 정리된 풀이를 따라 써 보게 하면 본인 스스로 풀이 과정을 적는 습관을 잡아 가는 데 큰 도움이 됩니다.

 검산하는 습관과 문제 풀이 과정을 정리해서 쓰는 습관이 제대로 잡혀 있으면 실수로 인해 문제를 틀릴 확률이 현저하게 낮아집니다. 정답률이 높아지면 아이의 수학 공부에 대한 자신감이 커집니다.

진주쌤 TIP

공부 습관 자체가 잡히지 않은 아이를 위한 조언

먼저 엉덩이 힘부터 길러라

초등학교 저학년 아이들 중에는 수학을 잘하는 것이 문제가 아니라 일단 진득하게 앉아 있는 것이 어려운 아이들이 있습니다. 문제 풀이 과정을 적는 습관이든, 검산하는 습관이든 일단 책상 앞에 앉아 있어야 가능합니다. 이런 아이들은 가장 먼저 앉아 있는 습관부터 들여야 합니다. 앉아 있기도 힘든 아이한테 앉아서 공부까지 하라고 하면 여간 어려운 일이 아닙니다.

이럴 때는 아이가 좋아하는 책을 책상에 앉아서 일정 시간 동안 읽게 해 주세요.

만약 아이가 책 읽기도 힘들어한다면 처음에는 아이가 좋아하는 그림책이나 만화책을 읽게 해 주세요. 이 단계가 좀 적응이 되면 그림책이나 만화책에서 일반책으로, 일반책에서 교과서나 문제집으로 변화를 주면서 앉아 있는 힘을 키우며 학습 습관을 잡아 주세요.

제가 처음으로 유튜브 초등맘TV의 '옆집아이 수학공부법' 코너를 맡게 되었을 때, 14만 명 정도의 초등맘이 모인 네이버 초등맘카페(cafe.naver.com/mom79)에 도반장님이 설문 조사를 올렸습니다.
'초등 수학 어떤 상담을 받고 싶으신가요?'
그 게시물에 댓글이 약 1,000개 정도 달렸는데 모두 읽고 질문의 종류별로 분류해 보았습니다. 그런데 전국의 초등맘들이 궁금해하는 1,000개 정도의 질문이 신기하게도 딱 다음의 4가지 주제로 나누어졌습니다.
'연산, 사고력, 선행, 심화'
지금부터 이 4가지에 관해서 이야기해 보겠습니다.

2장

학부모들의 끝나지 않는 질문 4가지

: 연산, 사고력, 선행, 심화

01

연산

"연산 진도가 쭉쭉 나가길래 수학 잘하는 줄 알았는데
 교과과정을 어려워해요."

초등맘카페의 댓글에서 연산 관련 질문을 추렸을 때 가장 많이 나온 질문은 다음과 같습니다.

"연산 진도를 쭉쭉 빼는 게 좋을까요?" _초3 학부모

"초등 때 연산이 정말 중요하다고 생각하는데 연산이 잘되면 진도를 계속해서 나가는 게 맞을까요?" _7세 예비초 학부모

"매일 하는 연산 연습, 언제까지 해야 하나요?" _초2 학부모

"연산을 매일 1장씩 하고 있는데 아이가 하기 싫어해요. 그래도 이렇게 꾸준히 하는 게 맞을까요?" _초1 학부모

> "연산 진도가 쭉쭉 잘 나가기에 교과 진도 나갈 때 어려움이 없을 줄 알았는데 생각보다 어려워해서 당황 중이에요. 왜 이런 걸까요?" _초4 학부모

연산을 잘하면 수학을 잘한다?

✓

이는 절반은 맞고 절반은 틀린 이야기입니다. 초등 수학에서 수와 연산이 가장 많은 비중을 차지하고, 특히 저학년 수학일수록 교과과정이 수와 연산에 집중되어 있습니다. 이런 이유로 저학년에서 연산이 빠른 친구들은 수학을 잘하는 것처럼 보일 수 있습니다.

실제로 연산이 능숙하게 되면 아이 스스로 수학에 대한 자신감이 생기고, 이러한 자신감으로 수학에 대한 재미와 성취감을 느끼게 되면 그것이 수학 실력으로 이어지기도 합니다. 그래서 많은 학부모님이 미취학 또는 초등 저학년 때부터 연산 학습지로 시간을 재어 빠르게 계산하는 연습을 시킵니다.

그런데 이런 식의 연산 학습에는 큰 문제점이 있습니다. 연산도 결국은 개념과 연결 지어서 그 원리를 이해하고 학습해야 하는 수학의 한 영역입니다. 그런데 이런 것을 무시하고 교과 개념이 다 잡히지 않은 상태에서 문제 풀이 방식만 배워서 연산만 선행하는 건 바람직하지 않습니다.

단순히 곱셈구구를 연습하더라도 그냥 무조건 구구단을 외울 것이 아니라 곱셈구구의 의미를 먼저 알게 한 뒤 연습시켜야 합니다. 예를 들어 '2×5=10에서 2×5가 왜 10인지, 2를 5번 더하면 10이기 때문이라는 것을 알고, 더 나아가 5를 2번 더해도 10이기 때문에 5×2도 10이겠구나.'라는 식으로 곱셈구구의 의미를 파악해 가는 학습이 필요합니다.

연산 속도가 느리면 수능 문제를 풀 때 시간이 부족하다?

많은 학부모님이 빠른 연산 속도를 위해서 연산 학습을 할 때 기계적으로 풀 수 있도록 시간을 재어 가면서 반복 연습시킵니다. '연산 속도가 느리면 시간이 부족해서 나중에 수능을 볼 때 시간이 부족하다.'라는 막연한 불안감이 가장 큰 이유입니다.

실제로 초등 고학년이 되거나 중·고등학교 수학 시험이나 수능에서 시간이 부족해서 문제를 다 풀지 못하는 경우가 있긴 합니다. 하지만 이는 연산 능력이 모자라서가 아니라 문제의 해결법에 접근하지 못해서 시간이 부족한 경우가 대부분입니다. 따라서 단순하고 지루하게 기계적으로 반복하는 연산 학습법은 피하는 것이 좋습니다.

아이의 연산 속도에 대한 부모의 막연한 불안감

왜 학부모들은 아이의 연산 속도가 느린 것에 대해 막연한 불안감을 느끼는 걸까요? 그 원인을 찾기 위해서는 학부모님들이 과거에 배웠던 수학 교육과정과 현재 아이들이 배우는 수학 교육과정에 대한 정확한 인지와 비교가 필요합니다.

유튜브 초등맘TV의 '옆집아이 수학 공부법'에서 연산 관련 이야기를 다루기 위해서 자료를 정리하던 중 '취학 전 엄마표 수학이 다양하지 않고 수와 연산에 치중되어 있다.'는 내용을 담은 논문「만 5세 유아 어머니의 수학교육 내용별 중요성 인식 및 수학적 상호작용」(김지현, 김정민)을 살펴본 적이 있습니다.

가장 흥미로운 결과는 미취학 어머니는 다른 영역에 비해 '수와 연산' 내용을 더 중요하게 인식하고 있고, 결국 이러한 어머니의 수학 교육에 대한 인식이 유아들의 수학적 능력의 불균형적 발달을 초래할 가능성이 있다는 것이었습니다. 또한 이러한 어머니들의 수학 교육에 대한 중요성 인식 및 수학적 상호작용의 불균형적 접근의 원인이, 행동주의적 입장이 강조된 수학 교육을 받았던 본인들의 경험에 기초하여 자녀들의 수학 교육을 실시하기 때문일 것이라고 했습니다. 즉 과거에 학부모들이 받았던 수학 학습에 대한 기억으로 아이들에게 수학 학습을 시키고 있고, 그 결과 아이들의 수학적 능력의 불균형을 초래하게 된다는 것이었습니다.

라떼의 초등 수학과 다르다

✓

　현재 이 책을 읽고 있는 초등 학부모님들의 연령대는 대략 30대~50대일 것입니다. 이 연령대의 학부모님들이 배웠던 수학 교육과정에서 가장 중요시되던 역량은 수학 문제해결능력이었습니다. 그래서 수학 문제를 풀어내기 위한 '계산 능력' 역시 중요시되었습니다. 많은 수학 문제를 풀면서 정확하게 계산하고 답을 구하는 것이 중요한 학습을 했던 학부모님들이 여전히 수학 공부에서 가장 중요한 것은 정확한 계산 능력이라고 생각하는 것은 어찌 보면 당연한 현상입니다.

　하지만 현재의 초등학생 즉 우리 아이들이 배우고 있는 교육과정에서의 수학은 단순히 계산을 잘해서 정확한 답만 구하는 것을 목적으로 하지 않습니다. 창의력, 추론력, 자료의 해석 능력, 문제해결력, 태도, 의사소통 등 여러 가지 역량을 기를 수 있는 문제들을 통하여 단순히 수학 문제의 답만 구하는 것이 아니라 스스로 문제를 해결하고 문제 해결 과정을 다양한 방법으로 표현할 수 있는 수학적 사고력을 키우는 것을 목적으로 하고 있습니다.

　다음은 2022 개정 초·중등학교 교육과정 확정·발표 보도자료에 있는 주요 내용 중 일부입니다. (출처: 교육부 보도자료)

+ **학생의 삶과 연계한 깊이 있는 학습을 위한 교과 교육과정 개발**
- 단순 암기 위주의 교육방식에서 **탐구와 개념 기반의 깊이 있는 학습으로 전환**
- 디지털·인공지능을 기반으로 **학생 참여형·주도형 수업 및 학습의 과정을 중시하는 평가로 개선**

일부 내용을 보더라도 초등 수학의 교육과정은 문제를 풀어 답을 맞히는 문제해결력을 중요시하던 과거에서 문제를 해결해 나가는 과정과 그 추론 과정을 중심으로 하는 수학적 사고력과 해결 과정을 중요시하는 방향으로 바뀌고 있음을 알 수 있습니다.

연산은 수학 문제를 해결하기 위한 도구이다

그렇다면 현재 우리 아이들의 연산 학습의 목적을 어디에 두는 것이 맞을까요? 연산은 아이들이 수학적 사고력을 키우기 위해 해결해야 할 많은 문제의 도구로 활용되어야 합니다. 이러한 도구를 잘 활용하려면 올바른 도구 활용법을 알아야 합니다.

실제로 수포자들이 수학을 포기하게 된 이유 중에 연산은 없습니다. 초등 저학년 때는 교과 과목 자체에 수와 연산의 비중이 높아서 연산을 잘하면 수학 시험 시간에 여유가 생기고, 수학을 잘하는 것처럼 보입니다. 하지만 이런 이유로 교과과정에 있는 개념을 탄탄하게 다지지 않은 상태에서 연산만 빠르게 진도를 나가는 방법은 큰 의미가 없습니다. 오히려 교과 개념을 배울 때 아이들이 계산을 할 줄 알고 답을 맞혔기 때문에 나는 이 내용을 다 알고 있다고 착각하여 개념 학습에 집중하지 못하게 되는 역효과를 가져올 수도 있습니다.

연산도 개념 원리가 바탕이 되어야 한다

2학년 1학기 3단원에 나오는 덧셈과 뺄셈을 예로 들어 보겠습니다. 이 단원에서는 받아올림과 받아내림이 있는 두 자릿수의 덧셈과 뺄셈까지 다룹니다. 미취학 때부터 연산 학습지로 덧셈과 뺄셈의 세로식으로 계산 연습을 반복했던 아이들은 46-28과 같은 뺄셈식의 답은 18이라고 어렵지 않게 구해 낼 수 있습니다.

하지만 이 단원의 교과 차시를 자세히 들여다보면 여러 가지 방법으로 덧셈하기와 뺄셈하기를 다룹니다. 46-28과 같은 뺄셈을 다양한 수의 가르기, 모으기 개념을 활용하여 여러 가지 방법으로 해결하는 것을 시도해 보게 합니다.

학습지로 덧셈과 뺄셈을 기계식으로 연습한 아이일수록 이러한 여러 가지 방법으로 계산하는 차시를 매우 낯설어하고 어려워합니다. 그저 실수 없이 계산해서 정확한 답만 구하면 되는 덧셈, 뺄셈을 왜 이렇게까지 여러 가지 방법으로 생각해야 하는지에 대해 궁금점을 전혀 느껴 본 적이 없으니 해당 내용이 더 어렵게만 느껴지고 이해도 잘되지 않는 경우가 생기는 것입니다.

46-28을 여러 가지 방법으로 계산하기

방법 1 46에서 30을 뺀 후 2를 더해 주는 방법
  46-28=46-30+2=16+2=18

방법 2 46에서 20을 먼저 빼고 8을 빼는 방법
  46-28=46-20-8=26-8=18

방법 3 46을 40과 6으로 가른 후 40에서 28을 빼고 6을 더하는 방법
  46-28=40-28+6=12+6=18

방법 4 46을 50으로 만들어 계산하는 방법
  46-28=50-28-4=22-4=18

방법 5 46에서 26을 먼저 빼고 2를 빼는 방법
  46-28=46-26-2=20-2=18

올바른 연산 학습법이란?

 아이들은 이미 수학 학습에 많은 시간을 쏟고 있습니다. 아이가 배우는 학기의 교과과정 학습을 위한 교과서, 익힘책, 기본서, 응용서, 더 많이 푸는 아이들은 심화서까지 한 학기에 여러 권의 교재로 학습합니다. 아이가 학교에서 하는 수학 학습을 잘 따라간다면 연산 연습은 기본적으로 이런 교과 학습을 위한 문제 풀이에서 충분히 이루어

진다고 생각하면 됩니다.

'연산은 매일 하루에 1장 이상은 꾸준히 풀어 줘야 한다.'라는 옆집 엄마의 이야기를 듣고 내 아이도 매일 연산 학습지를 해야 한다는 부담감을 가질 필요는 없습니다. 매일 꼭 정해진 분량을 지겹게 반복하지 않아도 교과 수학의 학년과 학기가 누적되면 아이의 연산 속도와 실력은 점점 쌓이게 됩니다. 중요한 것은 수학의 개념 이해를 바탕으로 한 연산 연습이어야 한다는 것입니다.

아이의 연산 속도를 위해서 매일 계산 연습을 꾸준히 해야 하고, 그러기 위해서는 계산 시간을 단축하는 훈련을 해야 한다고 말씀하시는 학부모님들을 종종 보아 왔습니다. 그러나 연산의 속도보다는 연산의 원리 이해가 선행되어야 합니다. 연산의 원리 이해가 충분히 이루어지면 연산 속도는 자연스럽게 빨라집니다. 아이가 현재 공부하는 교과과정에 맞춰서 진도를 나가고 해당 단원에 부족한 부분이 생겼을 때 그 부분에 대한 연산 연습을 추가해 주는 학습법을 추천합니다. 즉 아이에게 연산이 필요한 시기에 완성해 주는 것이 좋습니다.

연산 연습은 아이의 성향에 따라 다르게 해야 한다

아이마다 공부하는 방법이 다릅니다. 특히 연산 연습은 아이의 성향에 따라 공부 방법을 달리해야 효과가 좋습니다.

기초 연산이 부족한 아이

기초 연산이 부족해서 아이가 교과 진도를 나가기에 무리가 있다면 '매일 조금씩 꾸준히' 연산 교재를 풀어 주는 것이 좋습니다. 조금씩이라는 분량은 아이마다 다르겠지만 하루에 2장 이상을 넘어가지 않도록 합니다. 빨리 연산 실력을 잡아 주고 싶은 욕심에 무리하게 지루한 반복 학습을 시킨다면 자칫 수학에 대한 흥미까지 잃을 수 있습니다.

사실 기초 연산이 부족하면 교과 수학 역시 어려워할 가능성이 크므로 교과 개념을 탄탄하게 다지면서 연산 연습을 병행해야 합니다. 쉬운 개념서와 연산 교재를 병행하면서 교과 개념과 계산력을 동시에 잡을 수 있도록 연습시켜 주세요.

집중력이 부족하고 산만한 아이

집중력이 부족하고 산만한 아이라면 매일 일정량을 주고 풀게 하는 것보다는 문제 분량을 적게 쪼개어 짧은 시간 안에 풀어내도록 연습시키는 방법이 좋습니다. 연산의 속도를 높이기 위해서 초, 분 단위로 시간을 재는 것이 아니라 "수학 공부를 시작하기 전에 연산 10문제를 5분 안에 끝내 볼까?"라는 식으로 아이의 집중력이 흐트러지지 않을 만한 시간으로 쪼개서 연습시키는 방법을 추천합니다. 아이가 적응하고 집중하는 시간이 조금씩 길어진다면 문제의 분량과 시간을 조금씩 늘려 가며 학습하도록 합니다.

교과 수학 학습을 잘 따라가는 아이

교과 수학 학습을 잘 따라가는 아이라면 아이가 현재 학습하는 교재만으로도 충분히 연산 연습이 이루어지고 있습니다. 따라서 별도의 연산 교재는 하지 않아도 충분한 경우가 많습니다. 아이가 연산을 무리 없이 하고 있으니 현재 하고 있는 교과 학습 진도에 앞서서 연산만 빠르게 선행하는 방법보다는 교과 학습 진도를 더 나가는 것이 좋습니다. 수학을 잘하는 아이들에게는 아이가 무리 없이 소화하는 진도가 그 아이에게 잘 맞는 진도라고 생각하면 됩니다.

사고력이 뛰어나고 수학을 잘하지만 계산 실수가 잦은 아이

사고력이 뛰어나고 수학을 잘하는 아이들이라면 보통 단순 연산을 지겨워하고 도전적으로 사고하며 풀어내는 문제들을 좋아하는 경향이 있습니다. 그런데 가끔씩 도전적으로 문제를 빨리 풀어내느라 계산 실수가 발생하는 경우가 있지요. 이런 아이들에게는 단순 연산을 반복하는 연산 교재가 아닌 사고력 연산 교재를 추천합니다.(사고력 연산 교재는 5장을 참고해 주세요.) 매일 일정한 분량을 꾸준하게 풀리는 방법보다는 아이가 유독 실수를 많이 하는 부분을 집중적으로 단기간에 연습시키는 것이 좋습니다. 아이에게 수학 문제 풀이에서 중요한 것은 '속도'가 아니라 '정확도'라는 것을 꼭 인지시켜 주세요.

진주쌤 TIP

저학년 때
연산에서 해 두면 좋은 것

저학년 때는 연산의 내용이 쉽다고 해서 큰 수의 연산으로 빠르게 넘어가거나 연산 진도를 빨리 나가기보다는 10의 보수(더해서 10이 되는 수)가 암산으로 빨리 나올 수 있도록 충분히 연습해 두는 것이 좋습니다. 실제로 이러한 연습은 앞으로의 연산 학습에 큰 도움이 됩니다. 10의 보수를 이용하여 가르기, 모으기, 어림하기가 익숙해지면 여러 가지 연산 문제를 정해진 알고리즘이 아닌 자신만의 연산 방법으로 다양하게 해결할 수 있습니다.

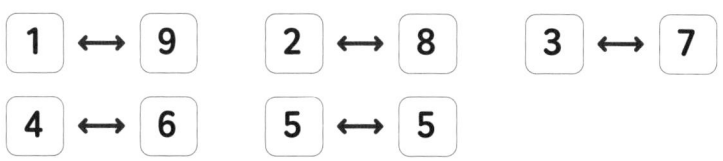

사고력 수학

02

"사고력 수학 꼭 해야 하나요?"

초등맘카페의 댓글에서 사고력 관련 질문을 추렸을 때 가장 많이 나온 내용은 다음과 같습니다. 사고력 수학에 대해서는 미취학이나 초등 저학년 학부모님들이 많이 궁금해했습니다.

"사고력 수학 꼭 해야 하나요?" _초2 학부모

"초등 저학년에 사고력? 연산? 어느 쪽으로 집중해야 할지, 사고력 학원 필수인지 궁금합니다." _7세 예비초 학부모

"사고력 수학을 어떻게 접근해야 할까요?" _초3 학부모

"사고력 수학이 나중에 심화 문제를 풀고 수능을 볼 때 정말 도움이

되나요?"_초2 학부모

"사고력 수학은 학원을 다녀야 한다는 얘기를 들어서요. 집에서 해 줄 수 있는 방법들이 궁금해요."_예비초 학부모

"사고력 수학은 언제부터 해야 하나요?"_초1 학부모

사고력 수학은 꼭 해야 할까요?

✓

초등맘카페에 올라온 질문 중 압도적으로 많은 내용이 "사고력 수학 꼭 해야 하나요?"와 같은 사고력 수학의 필요성을 묻는 질문이었습니다. 사실 인터넷 검색창이나 유튜브 검색창에 '사고력 수학'이라고 치면 아주 다양한 정보와 의견이 나옵니다.

"사고력 수학은 꼭 필요하다.", "수학이 다 사고력이지, 사고력 수학은 상술이다." 등 다양한 의견이 있는데, 저는 수학 교재 개발자의 관점에서 바라본 사고력 수학에 관해 이야기해 보려 합니다. 결론부터 말하자면 초등학생 시절에 사고력 수학은 "해 두면 좋다."입니다.

수학은 다 사고력이지, 사고력 수학이 따로 있나?

✓

'사고력 수학'을 말 그대로 해석하면 '수학적으로 생각하는 힘'을 뜻

합니다. "수학이 다 사고력이지, 사고력 수학이 따로 있나? 사고력 수학은 상술에 불과하다."라고 주장하는 분들을 보면 대부분 어릴 적에 사고력 수학의 경험이 전혀 없었던 시절에 '나 수학 좀 했다.' 하는 학부모님이거나 현재 중학생, 고등학생들을 대상으로 고등 수학을 가르치는 수학 선생님이 많습니다.

학부모님들이 공부하던 시대에는 사고력 수학이란 영역이 따로 있지 않았고, 그런 공부를 따로 하지 않아도 수학을 어려움 없이 잘했고 결과도 좋았습니다. 그래서 현재 아이들의 수학 교육과정은 생각지 않고 본인의 경험으로만 이야기하는 것입니다.

또 고등 수학을 가르치는 선생님들의 경우 고등 수학은 이미 초등 수학 6개년 과정, 중등 수학 3개년 과정을 모두 끝마친 상태에서 그동안 배운 모든 개념과 공식을 활용하여 푸는 문제들이라 해당 문제가 어디까지의 과정을 가지고 사고해야 하는 문제인지 파악하지 않아도 되기 때문입니다. 이미 어느 정도 완성된 수학적 사고력을 바탕으로 배웠던 모든 개념을 통틀어 문제를 풀어내는 고등 수학에서 사고력 수학이라는 것은 그저 수학의 한 부분으로만 느껴지는 단계일 뿐 따로 학습해야 할 영역이라는 생각이 들지 않는 것이지요.

그런데 초등 수학은 좀 다릅니다. 초등학생은 고등학생과 다르게 아직 추상적인 수학 개념에 익숙하지 않습니다. 특히 저학년의 경우 구체물로 직접 수와 도형을 다루던 시기를 이제 막 벗어났거나 벗어나려고 하는 상태이기 때문에 해당 학년에서 배운 개념들만 가지고 사고하여 풀 수 있는 문제들이 나옵니다.

그런데 사고력 교재에 나오는 문제는 해당 학년에서 배운 개념 한 가지만 사용해서 단순하게 해결할 수 있는 문제가 아닙니다. 한 가지 문제를 해당 연령이나 학년, 학기에서 배운 다양한 방법으로 접근해서 해결할 수 있도록 좀 더 새로운 방식으로 출제합니다. 아직 추상적인 수학 개념에 익숙하지 않은 아이들이 그런 문제들을 접하면서 좀 더 쉽고 재미있게 사고력, 즉 수학적으로 생각하는 힘을 키울 수 있도록 문제들을 구성합니다.

가정하기 전략이 방정식이 된다

다음과 같은 문제를 예로 들어 설명해 보겠습니다.

> 농장에 소와 닭이 모두 10마리 있는데 동물의 다리가 모두 32개라면 닭은 몇 마리일까요?

이 문제는 초등 저학년 사고력 교재에서 '가정하기 전략'을 사용하는 문제로 많이 나오는 유형입니다. 이 문제는 사실 x, y를 사용하여 $x+y=10$, $4x+2y=32$와 같은 방정식을 사용하여 풀면 금방 풀리는 아주 간단한 문제이지만 방정식을 아직 배우지 않은 초등학교 저학년 아이들의 경우에는 다음과 같은 흐름으로 진행합니다.

"자, 만약에 소가 9마리 있다고 가정해 보자. 그럼 동물의 다리는 모두 몇 개가 될까?"

"소와 닭이 모두 10마리라고 했으니까 소가 9마리라면 닭은 1마리일 것이고, 소의 다리는 4개이니까 소가 9마리라면 전체 동물의 다리 개수는 36개로 32개보다 많네?"

"그럼 소의 마리 수를 좀 줄여 볼까?"

"소의 마리 수를 줄이면 전체 동물의 다리 수는 몇 개가 될까?"

이렇게 하나하나 가정해서 따져 보고 확인하면서 동물의 수와 동물의 다리 수가 맞아떨어지는 상황을 찾아 문제를 해결하면 더하기와 빼기만 할 수 있다면 얼마든지 풀 수 있는 사고력 문제가 됩니다.

나중에 방정식을 배웠을 때 그냥 간단하게 식을 세워서 풀면 되지 이런 문제를 왜 이렇게 시간이 오래 걸리는 방법으로 아이들에게 생각해 보게 할까요? 여기에 초등학교 시절에 사고력 수학을 해 두면 좋다고 하는 이유가 있습니다.

이렇게 아이들이 어떤 문제를 대할 때 문제 풀이하는 방식을 외워 푼다거나 공식을 사용하여 계산값을 구한다거나 하지 않고 스스로 문제를 여러 가지 방법으로 생각하고 다양한 경우의 수도 생각해 보면서 문제를 해결해 나가는 과정에서 어떤 개념의 원리를 깨우치게 됩니다.

위의 가정하기 방법으로 더하기, 빼기의 범위 내에서 시간이 오래 걸리더라도 충분히 생각하고 질문을 던져 가며 문제를 해결해 본 경험이 있는 아이가 중학교에 가서 방정식을 배우고 같은 문제를 x, y를 사용하여 방정식으로 해결하는 방법을 배우게 됐을 때 방정식을 받아들이는 깊이와 속도는 이전에 사고력 수학을 접해 보지 않은 아이와는 분명 다릅니다. 또 사고력 수학 문제를 해결하면서 키워진 문제 해결 능력, 문제 집착력 등은 아이가 중학교뿐 아니라 고등학교에 가서도 큰 자산으로 남게 됩니다.

사고력 수학은 언제 하는 것이 좋을까요?

이미 배워 버린 수학의 공식이나 개념은 아이의 사고력을 키우는 데 걸림돌이 될 수 있습니다. 방정식을 알고 있는 아이라면 가정하기 방법으로 접근해 볼 만한 사고력 문제를 자기가 배운 가장 간편한 방법으로 식을 세워 해결하려고 하지 더 이상 다양한 관점으로 문제를 해결해 볼 고민을 하지 않습니다.

사고력 문제를 해결할 때 충분한 시간을 가지고 다양한 방법으로 생각해 보고, 질문도 던져 가며 스스로 해결해 가는 과정이 중요하다는 것은 알고 있지만 모든 수학 문제를 이렇게 많은 시간을 써 가며 풀기에는 한계가 있는 것이 사실입니다. 교과 진도도 나가야 하고 선행, 심화도 해야 하는데 사고력 수학이 필요하다고 해서 언제까지 이런 방법으로 많은 시간을 투자해서 수학 문제를 풀어야 하는 것인지도 궁금합니다.

아이들마다 개인 진도 차이가 있어서 정답은 아니지만 보통 초등학교 5학년 이상이 되면 교과 수학 내용도 많고 어려워집니다. 그래서 선행 학습을 한다면 그 부분에도 시간을 많이 써야 하므로 사고력 수학은 시간적 여유가 있는 미취학이나 초등 저학년 때 시작해서 3~4학년까지가 접하기 좋은 시기입니다. 사고력 수학은 학년이 올라가면 심화 수학과도 밀접한 관계가 있으므로 고학년의 사고력 수학은 심화 수학으로 대체할 수 있는 부분이 많습니다. 심화 수학에 관한 이야기는 4장에서 좀 더 자세히 설명하겠습니다.

사고력 수학, 꼭 학원에 보내야 할까요?

사고력 수학의 필요성을 느끼는 학부모님들은 "사고력 수학을 하려면 꼭 학원에 보내야 할까요?"라는 질문을 많이 합니다. 사고력 수학을 학원에서 공부하느냐 엄마표로 공부하느냐는 아이의 성향에 따른 선택사항입니다. 아이에게 학원이 더 적합한지, 엄마표가 더 적합한지 파악하려면 아이의 성향 파악도 중요하지만 사고력 학원에서는 어떤 방법으로 수업하는지, 학원별 특징은 어떠한지 등을 엄마가 먼저 파악해 볼 필요가 있습니다.

사고력 학원은 브랜드별로 특징이 있고 대상 연령도 조금씩 차이가 납니다. 공통적으로는 혼자서 사고력을 공부하는 것보다 또래 친구들과 함께 토론하고 협업하면서 문제를 해결하다 보면 본인이 생각하지 못한 다른 해결 방법도 들을 수 있고, 여러 가지로 서로에게 영향을 주고받으며 효과를 극대화할 수 있다는 장점이 있습니다. 대표적인 사고력 학원들과 그 특징들을 살펴보면 다음과 같습니다.

+ 대표 사고력 학원 브랜드별 특징 비교

1. 소마 사고력 수학(new.somai.co.kr/)

소마 사고력 수학 학원은 다른 사고력 학원과 비교했을 때 심화 수업이나 경시대회 대비 수업의 비중이 큰 학원입니다. 다음은 소마 사고력 수학 학원에서 각 나이와 수준에 따라 운영하는 클래스 구성입니다.

· 교구 활동 수학(레이키즈, 레이)

대상 6세~초등 2학년

수업 시간 주 1회 2시간(Kids는 브리핑 포함)

교재 레이 + 레이플러스(Ray Kids는 본교재 속에 포함)

특징 ❶ 교구 중심, 게임 등 활동 사고력 / 잠재된 사고력, 창의력 계발
❷ Ray Kids는 한글이 부족해도 수업 가능, 창의사고력 게임 중심

· 단계별 사고력 수학 / 통합사고력 수학(뉴레인보우, 프리즘)

대상 NEW 레인보우 - 초등 2~6학년 / 프리즘 - 초등 2~6학년

수업 시간 주 1회 2시간

교재 NEW 레인보우 + NEW 레인보우 플러스 / 프리즘 + 프리즘 플러스

특징 ❶ 교재별/단원별 논리적 연계성 극대화
❷ 수의 구조 이해를 통한 연산 능력 배양. 교구, 게임, 토론/발표로 원리 이해
❸ 응용, 심화 및 서술을 통한 문제해결력 완성

· **최고 수준의 사고력 수학(프리미어)**

대상 초등 1~6학년(최상위반 - 프리미어 선발 시험)

수업 시간 초급/중급/고급 과정별 운영

교재 초급 8권, 중급 8권, 고급예비 1권, 고급 10권(대수/기하의 계통적 구성)

특징 ❶ 문제의 흐름을 통한 귀납적 전개 방식
　　　❷ 활동을 배제한 한 단계 수준 높은 사고력 심화 교재
　　　❸ 개인별 지도 첨삭을 통한 서술형 해결
　　　❹ 최고 난이도의 challenge 문제를 가장 앞에 배치함으로써 학습의욕 고취
　　　❺ 고급 과정에서 초등 최고 심화 내용을 초등에 맞는 사고력 수업 방식으로 학습

2. 시매쓰 학원(cmath.co.kr/)

시매쓰 학원은 사고력 수업과 교과 수업 내용이 절충된 수업을 하는 사고력 학원입니다. 다음은 시매쓰 학원에서 각 나이와 수준에 따라 운영하는 클래스 구성입니다.

· **위니매쓰**

대상 6~7세

교재 1~2단계 구성
　　　월 교재 구성: 활동 교재 + 워크북

특징 ❶ 놀이·게임 중심 수학 학습의 단점을 개선한 사고력 수학 프로그램
　　　❷ 학습 주제에 대한 궁금증과 호기심을 유발하고, 문제 해결을 위한 주도적·능동적 탐구 및 체험 활동 속에서 깨달음을 통한 수학 개념 획득 및 사고력 향상을 꾀함
　　　❸ 수 & 연산, 도형 & 공간, 측정, 논리 & 패턴 등 각 영역을 나선형으로 학습하며, 수학 전 영역의 관계 이해를 통한 통합적 학습을 시행
　　　❹ 위니매쓰 과정 이수 후 초·중등 사고력 수학 과정으로 연계

· **사고력수학NC**

대상 초등 1~3학년

교재 ❶ 1~6단계 구성(학년별 2단계)

❷ 월 교재 구성: 활동 교재 + 수준별 문제해결력 교재(탐구문제해결력, 파워문제해결력, 심화문제해결력)

특징 ❶ 다양한 활동 수업(교구 활용, 게임, 발표)으로 수학적 개념과 원리 이해 강조
❷ 토론과 발표식 수업, 수학 저널 수업을 통한 수학적 의사소통 능력 향상
❸ 생각을 이끌어 내는 열린 발문, 문제 해결을 위한 전략적 사고, '생각해 볼까요?' 코너 등을 통해 사고력과 창의력을 키움
❹ 스토리텔링 생각 열기, 타 교과와 연계된 융합문제 해결을 통한 융합사고력을 키움

· 사고력수학AP

대상 초등 4~6학년

교재 1~6단계 구성(학년별 2단계)
활동 교재 + 수준별 문제해결력 교재(해, 응용탐구, 개념탐구) + 퀴즈퀴즈

특징 ❶ 문제풀이식 개념 학습을 뛰어넘어 개념 활동으로 개념과 원리를 정확하게 이해하고, 사고력활동으로 응용, 심화 확장
❷ 교과 내신, 각종 경시, 창의사고력까지 완벽 대비
❸ 자기주도적 탐구, 토론, 발표를 통한 수학적 의사소통 능력 향상
❹ 실생활과 연계된 스토리텔링과 STEAM 교육 강화

3. CMS 사고력 학원(www.creverse.com/)

CMS 사고력 학원은 창의, 사고력 위주의 토론식 수업이 가능한 학원입니다. 다음은 CMS 사고력 학원에서 각 나이와 수준에 따라 운영하는 클래스 구성입니다.

· 생각하는 I·G(VONK)

대상 7세, 초등 1학년

구성 4개 레벨(V,O,N,K)

교재 총 12권(레벨별 3권)

진도 각 레벨 6개 테마, 2주 1개 테마

특징 ❶ 맞춤형 교구를 활용한 활동 중심의 사고력 기초 과정
　　　❷ 수학 동화와 생활 속 소재를 활용한 재미있는 스토리
　　　❸ 친구들과 소통하고 표현하며 수학 원리 깨우치기
　　　❹ 생각 셈(워크북)을 통해 연산 능력 키우기

· Pre-WHY
대상 초등 1~3학년
구성 6개 레벨(A, R, C, H, E, S)
교재 본 교재 18권
진도 각 레벨 12개 테마, 매주 1개 테마
특징 ❶ 본격적인 사고력 수업을 위한 기본 단계
　　　❷ 활동과 탐구를 통한 즐거운 수학 경험
　　　❸ 생활 속 수학적 주제를 활용한 스토리텔링 수업
　　　❹ 게임과 퍼즐, 발표와 토론을 통해 수학 전반적인 영역을 자연스럽게 습득

· WHY
대상 초등 3~6학년
구성 15개 레벨(W1~W15)
교재 본 교재 45권
진도 각 레벨 12개 테마, 매주 1개 테마
특징 ❶ 수학적 직관력과 창의력, 의사소통 능력 기르기
　　　❷ 게임과 퍼즐, 발표와 토론으로 심도 있는 내용을 재미있게 학습
　　　❸ 수학적 호기심을 자극해 생각하는 힘 키우기

4. 와이즈만 학원(www.askwhy.co.kr/)

와이즈만 학원은 창의, 사고력 위주의 수업을 하는 학원입니다. 다음은 와이즈만 학원에서 각 나이와 수준에 따라 운영하는 클래스 구성입니다.

· **사고력 입문 프로그램 GT**

대상 7세~ 초등 5학년

수업 구성 주 1회 / 120분 수업(7세 80분) / 연 1회 융합프로젝트(3학년 이상)

특징 ❶ 수학적 개념과 원리를 이미지나 영상 등을 활용하여 시각적으로 탐구하고 즐겁고 재미있게 문제를 해결

❷ 수학에 대한 흥미와 자신감을 기르는 창의사고력 입문 프로그램

· **사고력 심화 프로그램 GT Advence**

대상 초등 1~5학년

수업 구성 주 1회 / 120분 수업(7세 80분) / 연 1회 or 2회 융합프로젝트(3학년 이상)

특징 ❶ 수학 영역별 체계화를 통해 균형 잡힌 수학적 사고력을 완성하고 새로운 소재를 통해 한 문제를 다각도로 보는 입체적 학습

❷ 스스로 도전하며 전략적인 사고를 향상시키는 창의사고력 심화 프로그램

· **최고난도 문제해결 도전 프로그램 WMO**

대상 초등 3~5학년

수업 구성 주 1회 / 120분 수업

특징 ❶ 최소한의 개념과 전략으로 고난도 도전 문제를 직접 해결

❷ 협동 학습과 수학 토론을 통해 창의적 문제해결력을 강화하는 최고난도 실전 대비 영재 수학 프로그램

출처: 각 학원 홈페이지

사고력 수학을 엄마표로 한다면?

　사고력 수학을 학원에 보내지 않고 집에서 엄마표로 하려면 어떻게 해야 할까요? 사고력 수학을 집에서 엄마표로 할 때 가장 중요한 것은 스스로 문제를 해결할 수 있도록 기다려 주는 것입니다. 사고력 문제는 아이가 평소에 접하던 수학 문제와는 좀 다른 형태이기 때문에 재미있어할 수도 있지만 답을 찾아가는 해결 과정을 낯설어할 수도 있습니다.

　아이가 모르겠다고 한다고 바로 풀이 방법을 설명해 주거나 결정적인 힌트를 줘서 해결하게 하는 것은 사고력 수학을 시간 내서 공부하는 의미가 없어지므로 시간이 좀 걸려서 답답하더라도 엄마가 끈기 있게 참고 기다려 주는 것이 중요합니다. 이것이 엄마표 사고력 수학에서 가장 어려우면서도 가장 큰 장점이 될 수 있는 부분입니다.

　엄마는 돈을 받고 가르치는 선생님이 아니기 때문에 당장 눈에 보이는 성과를 급하게 내지 않아도 됩니다. 따라서 아이가 문제 해결을 어려워할 때 옆에서 도와주는 역할을 하며 아이 스스로 문제를 해결할 수 있도록 충분한 시간을 가지고 유도해 줄 수 있습니다. 충분히 생각할 시간을 확보하고 문제를 해결해 나가는 과정이 사고력 수학의 중요한 특징이므로 엄마표 수학의 장점을 가장 잘 활용할 수 있는 영역입니다. 집에서 엄마표로 사고력 수학에 사용하면 좋은 사고력 교재는 5장을 참고하면 됩니다.

내 아이를 가르쳐 보면 친자 확인을 할 수 있다?

✓

사실 집에서 사고력 수학을 엄마와 진행하기는 쉽지 않은 일입니다. 오죽하면 '확실한 친자 확인 방법은 내 자식 가르쳐 보기'라는 우스갯소리까지 있겠어요. 아이와 함께 사고력 교재로 학습할 때 아이가 문제 푸는 시간이 너무 오래 걸린다거나 어려워한다면 교재의 단계를 낮춰서 쉽고 부담 없는 문제부터 시작해 주세요. 아이가 초등 1, 2학년이라도 미취학용 6~7세 교재부터 쉽게 접근해도 좋습니다.

사고력 문제집은 교과 수학 문제집처럼 교과과정에 따른 진도 교재가 아닙니다. 교과 수학은 각 학년과 학기에 맞는 교육과정이 정해져 있지만 사고력 수학 문제집은 난이도에 따라 권장 연령이 있긴 하지만 꼭 그 시기에 해결할 수 있어야 한다는 것은 아니라는 점을 기억해 주세요.

"3학년쯤 되면 무슨 교재 무슨 단계는 풀 수 있어야 한다."라는 옆집 엄마의 조언으로 인한 조급함은 버리세요. 아이가 즐겁고 재미있게 사고력 수학을 시작할 수 있는 단계가 아이의 수준에 맞는 사고력 단계라고 생각하면 됩니다. 사고력 문제도 꾸준히 단계가 올라가면 해결 전략이 비슷한 문제 형태는 해결 과정에 접근하는 속도가 빨라지고 익숙해집니다.

선행 학습

"선행 학습 꼭 필요한가요?"

초등맘카페의 댓글에서 선행 학습 관련 질문을 추렸을 때 가장 많이 나온 질문은 다음과 같습니다. 선행 학습에 대한 궁금증과 고민들은 저학년, 고학년 할 것 없이 많은 학부모님의 관심사입니다.

"선행 학습 꼭 필요한가요?"_초5 학부모

"초등 선행은 어디까지가 적당한가요?"_초3 학부모

"선행이 우선인가요? 현행이 우선인가요?"_초2 학부모

"선행은 몇 학년부터 하면 되나요?"_초1 학부모

"선행은 필요 없다고 하는 사람도 많은데 맞는 말인가요?"_초4 학부모

"선행을 할 때 어느 정도 수준까지 하며 진도를 나가야 하나요?" _초6 학부모

선행 학습이 필요할까요?

많은 학부모님이 "선행 학습 꼭 필요한가요?"라고 묻습니다. 그런데 이러한 질문에 앞서 선행 학습의 목적에 대해서 한 번 생각해 볼 필요가 있습니다. 어차피 대학 입시를 위한 수학 교육과정은 고등학교 3년 과정으로 끝이 납니다. 이 말은 아무리 빨리 진도를 나가더라도 결국은 고등학교 3학년 수학에서는 누구나 만난다는 것이지요. 이 지점에 일찍 도착한다고 해서 수학 실력이 더 뛰어나게 되는 것도 아니고, 더 좋은 결과를 보장하는 것도 아닙니다. 그렇다면 선행 학습은 전혀 필요 없는 것일까요?

선행 학습이 꼭 필요한 아이들

선행 학습이 꼭 필요한 아이들이 있는 건 분명합니다. 어려서부터 영재학교, 과학고등학교와 같이 목표가 확고한 아이들이 있습니다. 이렇게 특목고라는 뚜렷한 목표를 정해 놓고 공부하는 아이들은 입시

시기가 정해져 있으므로 목표 시기부터 역산하면 일정 분량의 수학 교과과정을 끝내야 하는 일정이 나옵니다.

영재학교 입시를 예로 들어서 한 번 따져 보겠습니다. 영재학교 입시는 학교별로 매년 조금씩 바뀌지만 보통은 중학교 3학년 4~5월에 원서 접수를 시작합니다. 즉 중학교 3학년 1학기가 끝나기 전에 입시가 시작되는 것입니다. 영재학교 입시를 준비하는 아이들은 거의 필수처럼 KMO(한국수학올림피아드)를 준비하고 영재학교 입시 전에 상을 받는 것을 목표로 공부합니다.

KMO를 준비하기 위해서는 대수, 정수, 조합, 기하 4개 영역의 경시 이론 과정을 배우고, 이론 과정이 끝나면 경시대회 실전 연습을 하는데 이 과정만 최소 1년 이상 걸립니다. 이런 경시대회 입문 과정에서 다루는 과목들은 최소 고등학교 1학년 수학(공통수학 상, 하) 정도는 끝내고 시작해야 어려움이 덜하고 유리합니다.

고등 수학 상, 하 과정을 끝내는 데 정말 빠듯하게 잡아서 6개월에서 1년이 걸린다고 하면 경시대회 준비를 시작할 진도만 나가는 데 1년 반에서 2년 정도 걸리는 것이지요. 중학교 3학년 6월부터 역산해서 2년이면 최소 중학교 1학년에는 고등 수학을 해야 한다는 것입니다. 그렇게 하려면 중등 수학 3년 과정은 초등 5~6학년에 모두 끝나야 하고 초등 수학 6년의 과정은 그 전 학년에서 끝나야 유리하다는 계산이 나옵니다.

물론 영재학교를 준비하는 많은 아이가 초등학교 6학년 전에 그 정도 진도를 끝낸다는 이야기이지 그렇게 하지 않으면 영재학교 입시를 절대 치를 수 없다는 것이 아니니 오해하지 않길 바랍니다. 이렇게 영재학교 입시와 같이 특수한 목적으로 공부하는 아이들은 선행 학습이 필요할 수밖에 없습니다.

영재학교 갈 것 아닌데도 선행 학습을 해야 하나요?

초등학교 학부모님들이 "우리 아이는 영재학교 같은 특목고에 갈 게 아닌데 선행 학습을 시켜야 하나요?" 하고 질문하면 저는 "일단은 시켜 보세요."라고 답합니다. 이제 초등학생인 아이들이 앞으로 어떤 역량을 얼마나 펼칠 수 있을지 모르기 때문에 일단 아이의 역량이 되는 선에서 진도를 앞서 나가다가 아이가 힘들어한다거나 너무 무리가 되면 그때 가서 천천히 속도를 조절해도 되기 때문입니다.

그래서 굳이 무조건 '선행은 필요 없다.', '선행은 불필요하게 아이를 힘들게 하는 것이다.'라고 단정 짓고 현행 학습만 하는 것은 추천하지 않습니다. 수학적 역량이 부족한 아이에게 무리해서 선행을 시키는 것도 문제이지만, 수학적 역량이 충분한 아이에게 맞지 않는 전략으로 불필요한 과정을 반복시키는 것도 문제입니다.

선행 학습은 특목고 입시와 같은 목적이 없더라도 앞으로 수학을 공부해 나가면서 막히는 부분을 집중해서 공부할 수 있는 시간을 확보하는 차원에서 필요합니다. 아무리 수학을 잘하는 아이라고 해도 모든 영역, 모든 단원을 다 잘하기는 어렵습니다. 분명 어느 학기 어느 부분에서는 어려워하고 시간을 많이 써야 하는 단원들이 있기 마련입니다.

보통 초등학교 3학년 2학기 4단원 '분수', 5학년 1학기 2단원 '약수와 배수' 같은 단원처럼 많은 아이가 어려워하는 단원을 배울 때 충분한 시간을 확보하여 꼼꼼하게 학습하고 넘어가기 위해 적당한 선행은 필요합니다. 뒤늦게 아이가 수학 때문에 어려움을 겪는다거나 수학 학습에서 큰 구멍을 발견했을 때 아이에게 확보된 시간이 부족하다면 상황을 돌이키기 매우 힘들 수 있기 때문입니다.

올바른 선행 학습이란?

선행 학습은 하되 꼭 '올바른 선행'이 필요합니다. 그렇다면 올바른 선행 학습이란 무엇일까요? 결론부터 말하자면 아이의 수준에 맞는 속도와 제 학기 응용, 심화 학습까지 포함한 선행이어야 한다는 것입니다. 아이의 수준에 맞는 속도로 '기본+응용+심화'까지 모두 탄탄하게 하고 넘어가는 것이 올바른 선행입니다. 선행 학습을 이야기할 때 심화 학습을 빼놓고 말할 수는 없기 때문에 심화 학습에 대한 자세한 이야기는 다음 절에서 말씀드리겠습니다.

다시 강조하지만 선행을 할 때 해당 학기 응용과 심화 학습은 꼭 하고 넘어가야 합니다. 5학년 수학을 예로 들어 보겠습니다. 5학년 심화 문제들을 살펴보면 중학교 과정에서 나올 법한 문제가 꽤 많습니다. 그 이유는 심화 문제들은 아이가 배운 한 가지 개념만 가지고 바로 식을 써서 풀 수 있는 문제가 아니라 여러 가지 개념을 복합적으로 적용하거나 다양한 방법으로 접근해야 풀리는 문제가 대부분이기 때문입니다.

그런데 초등 심화 교재를 개발할 때 이렇게 중학교 과정에서 다룰 법한 심화 문제들을 내긴 하지만, 그 문제의 풀이 과정을 제시할 때는 절대로 5학년 교육과정을 벗어난 방법으로 제시하지 않습니다. 해당 학년 학기의 교육과정 안에서 배운 개념으로만 해결할 수 있도록 풀이 과정을 정리한다는 것입니다.

이러한 심화 문제들은 선행으로 배운 중학교에서 배우는 개념으로 풀어야 할 문제들이 아니라 5학년 교육과정에서 배우는 개념들을 다양한 방법으로 적용해 가며 충분한 시간을 가지고 사고하도록 낸 문제들입니다. 그 문제를 풀면서 다양한 전략을 구사하는 사고와 시행착오를 통해 문제해결력을 키우는 것이 해당 학년에서 심화 문제를 푸는 목적인 셈입니다.

선행을 했더니 아이가 심화 문제를 잘 풀어요

많은 학부모님이 "아이가 심화 문제집을 어려워해서 선행부터 나가고 되돌아와서 심화 문제집을 풀렸더니 심화 문제를 잘 풀어요."라고 말합니다. 많은 학원에서 실제로 이렇게 진도를 나가고 있습니다. 심화 수업을 할 수준이 안 되는 아이들을 데리고 심화 수업을 학원에서 진행하기에는 여러 가지로 무리가 있으므로 기본+응용 정도로만 해당 학기의 진도를 나가고 앞선 학년 과정을 선행하는 방식으로 학원 진도를 나갑니다.

사실 중학교에서 배우는 방정식, 부등식을 이용하면 초등 교과과정의 심화 문제들이 쉽게 풀리는 경우가 많습니다. 그런데 아이가 중학교 내용을 선행 학습으로 미리 배워서 초등학교 심화 문제를 매우 쉽게 풀어냈다면 이 아이는 심화 수학을 한 것일까요?

앞선 개념을 가져다가 전 학년, 학기 심화 문제집을 풀면 정답은 잘 맞혔을 수 있지만 그 문제는 이미 이 아이에게는 심화 문제가 아닙니다. 아이가 만약 중학교에서 배우는 방정식을 가져다가 5학년 심화 문제를 풀어서 답을 맞혔다면 중학교 과정의 기본 문제를 푼 것일 뿐 5학년의 심화 문제를 푼 것이 아니라는 것을 알아야 합니다.

더 큰 문제는 이 아이에게 5학년의 심화 문제를 다양한 방법으로 풀면서 문제 해결 능력을 키울 기회가 사라진 셈이라는 것입니다. '선행을 했더니 아이가 심화 문제를 잘 풀더라.'는 느낌은 실제로 아이에게 심화 문제를 잘 풀어내는 수학적 역량이 생긴 것이 아니라 그저 착각일 뿐이라는 것을 강조하고 싶습니다.

아이가 공부하고 있는 학년, 학기의 기본, 응용, 심화까지 탄탄하게 완성한 후에 무리가 없다면 그다음 과정을 선행하는 공부 방법을 추천합니다. 이런 방법으로 아이의 수학적 역량이 커지면서 자연스럽게 진도가 빨라지는 선행이 최고입니다. 기초가 부족하여 수학을 너무 어려워하고 힘들어하는 아이가 아니라면 고등학교까지 장기적으로 바라보며 아이의 능력에 맞는 올바른 학습 계획을 세워 공부하는 전략이 필요합니다.

심화 학습

"아이에게 어려운 심화 문제 꼭 풀려야 할까요?"

초등맘카페의 댓글에서 심화 관련 질문을 추렸을 때 가장 많이 나온 질문은 다음과 같습니다. 심화 학습에 대한 궁금증과 고민들 역시 저학년, 고학년 할 것 없이 많은 학부모님의 관심사입니다.

> "심화냐 선행이냐 우선순위가 궁금해요." _초4 학부모
> "심화문제집을 꼭 풀어야 하는지 궁금합니다." _초1 학부모
> "꼭 기본, 응용 후 심화 단계를 해야 하나요?" _초6 학부모
> "학교 수업 위주의 문제들은 잘 푸는데 심화 단계 문제를 꼭 풀려야 할까요?" _초5 학부모

"심화 학습을 한다는 건 어느 수준까지 달성해야 하는 걸까요? 심화의 기준이 어느 정도 수준의 문제까지인지 궁금합니다."_초2 학부모
"심화 문제를 이제야 처음 접하는데 짜증이 심합니다. 어떻게 극복해야 하는지 알고 싶습니다."_초3 학부모

수학에서 심화 학습이란 뭔가요?

심화 학습이 없는 선행 학습은 의미가 없다고 앞에서 말했습니다. 그렇다면 도대체 수학에서 심화 학습이란 뭘까요? 우리가 흔히 알고 있는 문제집 제목 앞에 '최상위', '최고' 이런 말들이 붙어 있는 수학 문제집을 푸는 것일까요?

물론 아이에게 심화 학습을 시킬 때 보편적으로 이런 심화 문제집을 풀리는 방법을 사용하고 있고, 그 방법이 잘못되었다고 말하려는 것이 아닙니다. 무엇보다도 심화 학습을 하는 목적부터 분명히 알고 넘어가야 할 필요성이 있습니다.

현재 우리나라의 초등 교육과정은 대한민국 전체 학령기 아이들을 대상으로 하는 보편타당한 수준의 교육과정입니다. 그동안 교육과정이 개정되면서 초등 수학은 아이들의 학습 부담을 많이 덜어 주는 쪽으로 개편되어 왔습니다. 초등학교에서는 시험을 거의 보지 않고, 수학 숙제나 과제물도 거의 없어졌습니다. 그러다 보니 학교 수업만 듣

고 학교에서 배우는 교과서와 익힘책 수준의 문제만 풀어서는 다양한 사교육으로 선행 학습과 심화 학습을 하는 아이들을 따라잡기 어려운 것이 사실입니다.

　심화 학습을 통해 가장 크게 기대할 수 있는 부분은 아이의 수학적 사고력과 문제해결력을 키워 주는 것입니다. 따라서 아이의 수준과 상관없이 시중에 심화서라고 나와 있는 문제집을 무조건 풀리는 것이 심화 학습이 아니라는 것을 말씀드리고 싶습니다. 심화서는 초등 교육과정을 뛰어 넘지 않는 선에서 초등학생이 다양한 사고를 통해서 풀 수 있는 문제를 적당한 심화 문제의 난이도로 구성해 둔, 즉 심화 수학 문제의 기준이 되는 가이드라인 정도로 생각하면 됩니다.

　선행으로 배운 앞선 개념으로 어려운 심화 문제를 쉽게 풀어내는 것이 아니라 아이가 현재 학습하고 있는 학년, 학기에 맞는 교육과정에서 배우는 여러 가지 개념을 다양한 방법으로 적용해 가며 충분한 시간을 가지고 사고하도록 낸 문제들을 풀면서 다양한 전략을 구사하는 사고와 시행착오를 통해 문제해결력을 키우는 것, 이것이 그 해당 학년에서 심화 문제를 푸는 목적이라는 점을 꼭 기억해 주세요.

아이의 수준에 맞는 심화 학습

　심화 학습의 기준을 잡자면 현재 아이의 수학 수준을 조금 넘어서는 정도로 생각하면 좋습니다. 예를 들어 아이가 '최상위 수학'이라는 심화 문제집을 너무 쉽게 풀어낸다면 이 아이에게 그 문제집을 푸는 것은 더 이상 심화 학습을 하는 것이 아닙니다. 이 아이에게는 '최상위 수학'보다 더 난이도가 높은 교재를 통해 더 깊은 사고를 요하는 문제를 풀게 해 준다든지, 다음 학기로 선행을 하는 것이 더 적당한 학습 방법일 것입니다.

반대로 응용 문제집도 너무 어려워하는 아이에게 바로 '최상위 수학' 같은 심화 문제집을 풀게 하면 아이가 오히려 너무 어려워서 수학에 흥미를 잃고 포기하는 부작용이 생기게 됩니다. 이런 아이에게는 아이의 수준을 조금 넘어서는 정도인 준심화 문제집부터 충분한 시간을 들여 이해시키는 것이 아이 수준에 맞는 심화 학습이 될 것입니다. 앞에서도 강조했지만 가장 중요한 것은 아이의 속도에 맞는 선행, 아이 수준에 맞는 심화라는 것을 꼭 기억해 주세요.

어려운 심화 문제 꼭 풀려야 할까요?

많은 학부모님이 '아이가 학교 수업 수준의 수학은 매우 잘 따라가고 있고, 기본 문제들도 쉽게 잘 푸는데 굳이 어려운 심화 문제를 풀려야 하나?'라고 생각합니다. 특히 심화 문제는 난이도가 높으니 아이가 혼자 풀기 어려워하고, 집에서 도움을 주려니 엄마와 사이도 나빠지는 것 같고, '이런 어려운 문제를 안 풀어도 학교 시험은 100점 받아오는데….'라고도 생각하지요.

다음은 실제로 초등학교 5학년 1학기 심화 문제집에 나오는 문제 유형과 중학교 1학년 1학기 기본 개념 문제집에 나오는 문제 유형을 뽑은 것입니다. 두 문제를 비교해 보면 초등학교 5학년에서 심화 문제의 난이도로 다루는 문제 유형이 곧 다가올 2년 뒤 중학교 1학년 1학기에는 기본 교재의 기본 문제로 나옵니다. 초등 수학 과정에서 공부할 때 시간이 걸리고 어렵더라도 심화 문제까지 꼼꼼하게 다지고 넘어가면 중학교 수학을 훨씬 더 수월하고 익숙하게 받아들일 수 있습니다.

+ **초등 5학년 1학기 심화 문제집의 문제 유형**

가로의 길이가 640cm, 세로의 길이가 360cm인 직사각형 모양의 마당에 일정한 간격으로 화분을 놓으려고 합니다. 네 모퉁이에 반드시 화분을 놓을 때, 화분은 적어도 몇 개 필요할까요?

+ **중등 1학년 1학기 기본 문제집의 문제 유형**

가로가 144m, 세로가 96m인 직사각형 모양의 땅 둘레에 같은 간격으로 나무를 심으려고 합니다. 나무를 될 수 있는 대로 적게 심고 네 꼭짓점에는 반드시 나무를 심으려고 할 때, 나무는 모두 몇 그루가 필요할까요?

초등학교 수학에서 심화를 극복하지 못하고 넘어간 아이들이 중학교, 고등학교 수학에서 심화를 잘 해낼 가능성이 얼마나 될까요? 따라서 가장 여유 있는 초등 시기에 심화 학습으로 한 문제를 오랫동안 고민하고 다양한 방법으로 해결해 보는 과정을 통해 수학적 사고력, 문제해결력을 키우는 연습을 해 두어야 합니다.

아이가 수학을 잘한다는 착각

초등맘카페에서 많은 초등학교 학부모님이 심화 학습에 관해 올린 질문을 보면 "아이가 현재 학교 수학 공부는 잘 따라가고 있는데…."라는 전제가 붙어 있습니다. "초등학교, 중학교 시절까지는 아이가 수학을 매우 잘했는데 고등학교에 가서 갑자기 수학 성적이 엉망이 되었어요."라는 말도 많이 들어 봤을 것입니다.

왜 이런 일들이 생기는 걸까요? 중학교 때까지는 성실하게 공부하던 아이가 고등학교에 가서 갑자기 수학에서 손을 놓았을까요? 초등학교, 중학교 때까지 아무 문제없이 수학을 매우 잘한다고 생각했던 **진주**라는 아이를 예로 들어 설명해 보겠습니다.

따로 어려운 심화 학습을 하지 않아도 학교 수학 시험에서 매번 90점 이상, 100점도 자주 받아 오는 **진주**라는 초등학생이 있습니다. **진주**의 부모님은 **진주**가 수학 시험에서 자주 100점을 받아 오니 아이의 수학 학습에는 아무 문제도 없고, 이대로만 쭉 가면 중학교, 고등학교에 가서도 수학을 잘할 것으로 기대했습니다.

진주는 이 상태로 중학교에 들어갔습니다. 중학교에 들어가서도 현행 학습은 탄탄하게 했지만 어렵다고 하는 심화 교재는 풀지 않았습니다. 그래도 내신 시험 기간에 학교에서 배운 내용으로 성실하게 시험 공부를 했더니 아주 어려운 문제 한두 개는 틀리지만 그래도 중학교 3년 내내 90점 이상을 받아서 수학 A를 받았습니다. **진주**의 부모님은 초등 시절 내내 수학 시험에서 100점도 자주 받았고 중학교 3년 내내 수학 A를 받았으니 아이가 고등학교에 가서도 수학에서 상위권을 유지할 것이라고 당연히 생각했습니다.

그런데 고등학교에 들어가서도 평소대로 성실하게 공부를 한 **진주**는 수학 4등급을 받았습니다. 초등학교, 중학교 시절에 항상 상위권이었던 **진주**가 1, 2등급이 아닌 4등급이라니요? 왜 이런 일이 생겼을까요?

100점이라고 다 같은 100점이 아니다
✓

초등학교의 수학 시험은 단원평가 형식으로 치러지며 난이도가 그다지 높지 않습니다. 그래서 딱히 심화 학습을 하지 않아도 아이가 실수를 하지 않는 이상 교과서와 익힘책의 기본 학습만 잘 이해하면 90점 이상 또는 100점을 받는 데 크게 무리가 없습니다.

자, 중학교 수학 시험을 살펴볼까요? 요즘 중학교 1학년 학생들은 자유학년제라고 해서 1년 동안 중간고사, 기말고사와 같은 공식적인

지필 시험은 치르지 않습니다. 그래서 중학생이 되고 나서 1년 동안은 아이의 수학 성적이 어떤지 제대로 파악하기 어렵습니다.

2학년 때부터 지필 고사를 치르는데 중학교의 평가 방식은 절대평가입니다. 수학 시험의 난이도가 어떻든지 상관없이 점수가 90점이 넘으면 A를 받습니다. 그런데 수학 잘하는 아이들이 많이 모여 있어서 시험에서 변별력이 필요한 학군지의 일부 학교를 제외하고는 중학교 내신 시험 역시 어려운 중등 심화까지 하지 않더라도 현행 학습을 충실하게 하고 내신 시험 준비를 꼼꼼하고 성실하게 하면 90점 이상, 즉 A를 받는 데 크게 무리가 없습니다.

다음은 목동에 있는 한 중학교의 어느 해 교과별 학업성취표입니다. 38.7% 즉 30%가 넘는 아이들이 수학에서 A등급을 받고 있다는 것을 알 수 있습니다.

교과별 학업성취 사항

과목	2학년										
	1학기						2학기				
	평균	성취도별 분포 비율					평균	성취도별 분포 비율			
		A	B	C	D	E		A	B	C	D	E
국어	83.3	42.8	25.5	13.7	10.7	7.3						
도덕	81.9	36.9	30.1	14.4	10.5	8.2						
역사	79.9	39.9	23.2	11.4	9.8	15.7						
수학	75.4	38.7	18.2	9.8	10.3	23.0						
한문	76.2	36.4	18.7	13.0	9.6	22.3						

아이가 심화 수학을 하지 않았더라도 30%의 성적으로 3년 동안 A를 받을 수 있다는 것입니다. 결국 똑같이 수학 시험에서 A를 받았지만 1~30%의 수학 실력 차이는 매우 크다는 것을 알아야 합니다. 초등 시절의 100점이 다 같은 100점이 아니고, 중등 시절의 A가 다 같은 A가 아닙니다. 이런 아이들이 고등학교에 들어가게 되면 그때부터는 평가 방식이 절대평가가 아닌 상대평가로 달라집니다. 다음은 고등학교 상대평가에 따른 내신등급표입니다.

등급별 석차누적비율 구간

등급	분포	석차누적비율
1등급	4	4% 이하
2등급	7	4% 초과 ~ 11% 이하
3등급	12	11% 초과 ~ 23% 이하
4등급	17	24% 초과 ~ 40% 이하
5등급	20	40% 초과 ~ 60% 이하
6등급	17	60% 초과 ~ 77% 이하
7등급	12	77% 초과 ~ 89% 이하
8등급	7	89% 초과 ~ 96% 이하
9등급	4	96% 초과 ~ 100% 이하

고등학교 수학부터는 상대평가이기 때문에 시험에서 변별력을 주기 위해 시험의 난이도부터 달라집니다. 매우 난이도 있는 문제들이 출제되는 것이지요. 개념을 제대로 이해하고 기출 문제 유형들을 연습하면 충분한 점수가 나오는 초등학교, 중학교 수학과는 차원이 다

릅니다.

백번 양보해서 고등 수학 문제를 중학교 때 수준으로 잘 해결한다고 해도 중학교 때 받았던 비율 그대로 고등학교 내신 등급을 환산해 보면 중학교에서 상위 30%로 A를 받던 **진주**는 고등 내신 등급 4등급입니다. 결국은 고등학교에 가서 무너지지 않으려면 초등, 중등 과정에서 심화까지 탄탄하게 다지며 경쟁력을 갖추어야 합니다.

가장 빠르게 진도를 나가는 방법은
다시 돌아가지 않는 것이다

간혹 아이가 풀기 어려워하고 시간도 많이 걸리는 심화 학습을 하느라 진도가 느려진다고 걱정하는 학부모님들이 있습니다. 그러나 올바른 심화 학습을 통해 아이의 문제해결력이 키워지면 학년이 올라갈수록 오히려 진도를 나가는 속도가 점점 빨라집니다. 결국 가장 빠르게 진도를 나가는 방법은 배운 부분에 구멍이 생겨서 다시 되돌아가지 않는 것입니다.

따라서 아이가 처음 배우는 학기는 같은 과정을 두 번 반복하지 않도록 심화까지 탄탄하게 익히고 넘어가야 합니다. 심화 학습은 처음에는 시간이 많이 걸리고 아이도 어려워할 수 있지만 일정 시간만 극복해 낸다면 아이의 실력을 한 단계 업그레이드할 수 있는 학습법임을 꼭 기억해 주세요.

　심화 교재를 풀 때는 가급적 모든 과정을 빠짐없이 꼼꼼하게 학습하는 것이 좋습니다. 하지만 아이의 수준이 거기까지는 너무 힘들다 싶으면 일부 과정만 익히고 제일 어려운 단계는 잠시 미루었다가 나중에 다시 푸는 등 아이의 역량에 맞춰서 갈 수 있도록 이끌어 주는 것을 추천합니다.

올바른 심화 학습법 – 시간제 학습법 vs 분량제 학습법

　수학 공부법은 하루에 몇 시간씩 공부할지 시간을 정해 놓고 하는 시간제 학습법과, 하루에 얼마큼씩 공부할지 분량을 정해 놓고 하는 분량제 학습법으로 크게 나누어 생각할 수 있습니다. 보통 아이의 성향에 따라 시간제가 더 적당할 수도, 분량제가 더 적당할 수도 있기 때문에 어느 방법이 더 효율적이라고 말할 수는 없지만(실제로 교육 전문가들의 의견도 분분합니다.) 저는 심화 학습만큼은 시간제 학습법보다 분량제 학습법을 추천합니다.

　심화 문제는 난이도도 높고 한 문제를 푸는 데 생각할 시간도 많이 필요합니다. 따라서 아이에게 하루에 몇 분 또는 몇 시간으로 학습 시간을 정해 놓으면 어려운 문제의 경우 주어진 시간 동안 생각만 하다가 해결하지 못하고 끝내기도 하고, 문제를 풀다가 모르겠으면 포기하고 그냥 시간 때우기만 할 수도 있습니다. 하루에 한두 문제를 풀더라도 그 문제는 꼭 오늘 해결하는 것으로 정해 두고 생각할 시간을 충분히 주는 것이 좋습니다.

다만 분량제 학습법으로 할 때 주의할 점은 하루에 주어지는 분량을 아이가 부담스러워하지 않을 정도로 적당하게 잡아 주고, 아이가 한 문제라도 스스로 풀어서 어려운 문제를 맞혔다는 성취감을 느낄 수 있게 해 주어야 합니다.

엄마표라면 내 아이도 심화 수학을 할 수 있다

심화 학습은 문제의 난이도도 높고 쉽지 않은 과정인데 전문가가 아닌 엄마표로 수학 역량이 뛰어나지 않은 아이에게 심화 수학을 시킬 수 있다니 무슨 말인가 싶을 것입니다. 그런데 수학 역량이 뛰어나지 않은 아이일수록 심화 수학을 공부할 때 엄마의 노력이 필요합니다. 아이에게는 심화 수학이 꼭 필요한데 학원에서는 아이의 수학 실력이 검증되지 않으면 심화 수업을 듣지 못하기 때문입니다.

현실적으로 학원에서 수학적 역량이 부족하고 문제해결력이나 사고력이 부족한 아이들을 데리고 심화 수업을 이끌어 가는 것은 너무나 번거롭고 힘들기 때문에 오히려 심화 수학 능력이 있는 아이들을 레벨테스트를 통해 선별해서 수업을 하고 있습니다. 심화 수학 문제를 통해서 수학적 사고력을 더 키워야 할 필요성이 있는 아이들이 학원의 레벨테스트 장벽을 넘지 못하고 심화 수학 수업을 들을 기회가 없어서 심화 수학은 그저 먼 남의 나라 이야기처럼 생각하고 넘기는 것입니다.

그러나 속도의 차이는 있겠지만 아이의 실력이 조금 부족해도 아이의 수준에 맞는 교재를 선택해서 차근차근 심화 수학을 공부할 수 있습니다. 그 과정에서 문제해결력이나 사고력이 키워지기 때문에 실력이 안 된다고 무조건 제쳐 둘 것이 아니라 하루에 한두 문제를 풀더라도 꾸준히 심화 문제를 접하게 해 주고, 깊이 오랫동안 생각해서 문제를 푸는 연습을 시켜 주어야 합니다.

이러한 학습 방법은 학원이 아닌 집에서 엄마표로만 가능합니다. 물론 여력이 된다면 과외 선생님 같은 학습 보조자 역할을 해 줄 사람이 있으면 좋습니다. 하지만 그러지 못하더라도 아이의 심화 수학 학습을 위해서 엄마가 가장 훌륭한 선생님이 되어 줄 수 있습니다.

진주쌤 TIP

내 아이가 갈
중학교의 학업성취 사항 알아보기

아이의 학습과 진로에 관심이 많은 대부분의 초등학교 학부모님은 '아이가 곧 다니게 될 중학교의 내신 산출 방법은 절대평가이다. 그러다가 고등학교에 가면 상대평가로 바뀐다. 그래서 고등 수학 내신이 어렵다.' 정도는 알고 있지만 실제로 내 아이가 곧 다니게 될 중학교 아이들의 실제 학업성취율이 어느 정도인지까지는 알지 못합니다.

아이가 다니게 될 중학교는 주소지로 배정하기 때문에 대부분 예측이 가능합니다. 그렇다면 그 학교 내신의 학업성취율이 어느 정도 되는지, 과목별 A를 받는 아이들의 비율이 어느 정도인지, 옆 학교와 그 비율을 비교해 보면 어느 학교 내신 시험이 어려운지, 쉬운지 등의 정보를 미리 파악할 수 있습니다. 학업성취율은 학교알리미(schoolinfo.go.kr) 사이트에 들어가면 찾아볼 수 있습니다.

3장

수포자 방지 프로젝트

수학 실력의 절반은 자신감
- 자신감 키우기

01

엄마의 두려움이 수포자를 만든다

  수학은 어떤 아이들이 잘할까요? 좋은 유전자를 물려받아 수학머리를 타고난 아이들이 잘하는 것일까요? 물론 수학머리를 타고난 아이들이 있기는 합니다. 그런 아이들이 다른 아이들보다 수학 학습을 좀 더 효율적으로 하는 모습도 많이 보아 왔습니다. 그러나 수학머리를 타고 나지 않아도 아이의 입시가 끝나는 지점까지의 수학 학습을 놓고 본다면 수학을 잘하기 위해서 수학머리가 꼭 필요한 것은 아닙니다. 초등학교부터 고등학교까지의 수학 교육과정은 수학머리 같은 특별한 재능이 없어도 얼마든지 이수 가능한 수준이기 때문입니다.

수학 일타강사로 유명한 현우진 선생님이 강의에서 아이들에게 한 말 중에 인상 깊었던 말이 있습니다.

"내가 항상 공부를 하면서 느꼈던 것은 내가 학교에서 가장 공부를 잘했고, 가장 시험을 잘 봤는데도 내가 가장 열심히 해요."

제가 옆에서 지켜본 수학을 잘하는 아이들도 타고난 머리보다는 성실함과 노력이 수학을 잘하게 된 가장 큰 이유였습니다. 수학 학습에서 나타나는 아이들의 수준 차이는 지능보다 심리적 요인으로 인한 학습 습관이 더 크게 작용합니다.

아이들은 어떤 지도를 받는가에 따라 다르게 성장합니다. 올바른 학습법으로 공부하면 아이가 자신의 능력에 자신감을 갖게 됩니다. 그 자신감은 아이가 자발적으로 더 심화된 문제를 해결하고 싶어 하는 욕구를 느끼게 하고 문제해결력을 키우는 데 큰 밑바탕이 됩니다.

아이들은 어릴수록 가까이 있는 사람에게 심리적으로 큰 영향을 받습니다. "우리 애는 나 닮아서 수학머리가 없어."라며 부모의 두려움으로 아이의 가능성에 한계를 두어서는 안 됩니다. 부모의 두려움은 아이에게 전염된다는 사실을 기억해 주세요. 부모로서 아이들의 수학 실력을 높이는 데 도움을 주기 위해서는 아이가 수학을 잘하지 못하더라도 그 사실에 주눅 들지 않게 격려해 주고, 아이에게 함께 노력하면 수학 실력이 분명 좋아질 수 있다는 믿음과 자신감을 심어 주어야 합니다.

로젠탈 효과를 기억하세요

긍정적인 기대나 관심이 사람에게 좋은 영향을 미치는 효과를 말하는 '피그말리온 효과Pygmalion Effect'는 많이 들어 보았을 것입니다. 그리스 신화에 나오는 왕이자 조각가인 피그말리온은 아름다운 여인상을 조각한 후 자신의 작품인 그녀를 진심으로 사랑하게 되었습니다. 그는 조각상을 마치 살아 있는 사람처럼 대하면서 미의 여신 아프로디테에게 아내로 맞이할 수 있게 해 달라고 지극정성으로 기도했습니다. 아프로디테가 그 마음에 감동해서 조각상에게 생명을 주었고, 마침내 피그말리온의 아내가 되게 해 주었다는 이야기입니다. 피그말리온 효과는 교육심리학에서 선생님이 학생들에게 긍정적인 효과를 주기 위해 많이 활용하는 용어이기도 합니다.

피그말리온 효과를 검증해 보기 위해 하버드대학교 사회심리학자인 로버트 로젠탈Robert Rosenthal 교수와 미국 초등학교 교장 출신의 레노어 제이콥슨Lenore Jacobson이 샌프란시스코의 한 초등학교 학생들을 대상으로 실험을 했습니다. 먼저 연구에 참여한 초등학교 전교생을 대상으로 지능검사를 한 후, 지능지수와는 상관없이 무작위로 20%의 학생을 뽑아 그 명단을 교사에게 주면서 '지적인 면에서 발전 가능성이 큰 학생들의 명단'이라고 거짓 정보를 주었습니다. 명단을 받은 교사들은 명단 속 학생들의 성적이 향상될 것으로 기대했고, 연구 기간 8개월이 지난 후 실제로 명단 속 아이들의 학업 성적이 이전보다 향상

된 것으로 나타났습니다. 이것이 바로 로버트 로젠탈 교수의 이름을 딴 '로젠탈 효과Rosenthal Effect'입니다.

그러니 아이들의 수학 실력은 부모님의 기대와 격려로 심어 주는 자신감을 통해 향상될 수 있다고 믿어 주세요.

수학을 싫어하는 이유는 수학을 잘하지 못하기 때문이다

수학을 싫어하는 아이, 그 이유가 뭘까요? 이유는 매우 간단합니다. 수학을 잘하지 못하기 때문입니다. 수학이 어렵게 느껴지고, 그래서 잘하지 못하고, 결과가 좋지 않으니 아이는 당연히 수학을 싫어할 수밖에 없습니다.

제가 수학을 좋아하고 수학을 전공하여 평생 수학과 함께 하게 된 계기는 학창 시절에 어려운 수학 문제를 끙끙거리며 풀다가 결국 답을 구해 냈을 때 느낀 성취감과 쾌감이었습니다. 답이 딱 맞아 떨어지는 그 느낌이 너무 좋았습니다. 성인이 되어서는 어려운 문제를 오랫동안 붙들고 풀 기회는 많지 않지만 오래전에 경험했던 그 느낌과 기억은 아직도 생생합니다.

수학을 잘하고 좋아하는 아이들과 이야기해 보면 대부분 제가 느꼈던 그 기분이 무엇인지 알고 있고, 저와 마찬가지로 그러한 이유로 수학을 좋아하게 되었습니다. 보통 수학을 싫어하고 수학 학습 능력이

떨어지는 아이는 수학 공부를 하면서 끈기 있게 열심히 하면, 포기하지 않고 끝까지 문제를 풀어 보려고 애를 쓰면 문제가 풀리고 수학 실력이 늘어난다는 성공의 경험을 한 번도 해 보지 못한 경우가 많습니다.

수학에 흥미를 느끼게 해 주는 가장 확실한 방법

수학을 싫어하고 흥미를 느끼지 못하는 아이에게 수학에 대한 흥미를 갖게 하기 위해서 수학 동화, 수학 교구, 학습 만화 등 다양한 방법으로 노력을 하는 학부모님을 많이 보아 왔습니다. 그런데 사실 아이가 수학에 흥미를 느끼고 수학을 좋아하게 만들기 위해서 가장 효과적이고 빠른 방법은 아이가 수학을 잘하게 됐을 때의 성취감과 쾌감을 느끼게 해 주는 것입니다.

쉽지 않겠지만 최소한 "네가 포기하지 않고 끈기 있게 수학 공부를 한다면 결국엔 분명 수학이 너에게 큰 즐거움을 가져다 줄 것이다."라는 사실만이라도 아이가 알게 해 주는 것이 중요합니다. 그리고 아주 작고 사소한 경험이라도 일단 성공의 기쁨을 맛보게 해 주고, 그것이 반복되며 쌓일 수 있게 도와주어야 합니다.

예를 들어 어떻게 풀어야 할지 모르겠다던 문제를 한 문제라도 스스로 풀어서 답을 내었을 때 충분한 칭찬과 자신감을 심어 줄 수 있는 말들로 아이가 작은 성공의 기쁨을 매일 쌓아 갈 수 있게 해 주는 것입니다. 그렇게 조금씩 수학에 대한 자신감을 쌓아 가다가 어느 날 어려운 문제를 풀어냈을 때의 성취감과 쾌감을 아이가 한 번이라도 제대로 느끼게 되면 수학에 대한 흥미와 실력은 눈에 띄게 빠른 속도로 성장하게 될 것입니다.

공부는 당연히 해야 하는 것이다

저는 소위 말하는 '학군지' 목동에서 아이들을 가르치는 수학 선생님이자 중학생, 초등학생인 두 아이를 키우고 있는 엄마입니다. 큰아이가 초등학교에 입학하기 전에 목동으로 이사를 가야겠다고 결심하고 1년 정도 준비 기간을 거쳤습니다. 매일 퇴근 후에 목동의 초등학교, 아파트 단지, 학원가 등 이곳저곳을 직접 걸어 다니며 살펴보기도 했고, 인터넷에서 목동 커뮤니티나 맘카페 등을 뒤지며 목동의 분위기에 대해서 알아보며 학군지에 대한 막연한 걱정과 기대에 설레기도 했습니다.

목동에 들어와 살면서 두 아이가 유치원, 초등학교, 중학교 시절을 보내고 있는 저에게 누군가 학군지에 살면서 가장 좋았던 점이 뭐냐고 묻는다면 고민 없이 떠오르는 장점이 딱 한 가지 있습니다. 그것은 원하면 어떤 수업도 들을 수 있는 다양한 학원도 아니고, 학원에서 만나는 화려한 스펙의 강사 선생님들도 아닙니다. 바로 많은 목동 아이들에게서 볼 수 있는 '공부를 받아들이는 태도'입니다.

　이 아이들에게 공부는 '당연히 해야 하는 것'입니다. 주변을 돌아보면 성실하게 열심히 공부하는 친구들을 흔히 볼 수 있기 때문에 "왜 나만 이렇게 어려운 수학 공부를 해야 하나요?"와 같은 억울함을 호소하는 경우는 거의 없습니다. 그런데 이러한 태도는 꼭 학군지에 살아야만 가질 수 있는 것은 아닙니다. 아이 주변에 다양한 학원이 있지 않아도, 화려한 스펙의 강사 선생님께 수업을 받을 수 없다 해도 초등 시절에 익혀야 할 성실함, 공부하는 습관, 공부를 받아들이는 태도, 열심히 하면 나도 된다는 자신감은 얼마든지 아이에게 갖게 해 줄 수 있습니다.

수학 개념에 집중하는 공부를 하라

수학에서 중요하다고 강조하는 '개념'이란 대체 뭔가요?

수학 전문가들이 수학을 공부할 때 '개념'이 중요하다는 얘기를 많이 합니다. 그런데 그렇게 많이 강조하는 수학에서의 '개념'이란 대체 뭘까요? 수학 문제집에 나와 있는 각 단원의 처음에 나오는 개념 페이지의 내용들이 그토록 중요하다고 강조되는 수학에서의 '개념'일까요?

수학을 잘하는 아이는 개념에 집중하는 공부를 합니다. 수학을 잘하지 못하는 아이도 개념에 집중하는 공부를 하기 위해서는 수학에서의 '개념'이 무엇인지부터 정확하게 파악해 볼 필요가 있습니다.

수학의 개념은 크게 2가지로 나눌 수 있습니다.

첫째는 정의(定義)입니다. 쉽게 말하면 초등 수학에서 '네 변의 길이가 모두 같은 사각형을 마름모라고 한다.'와 같이 그냥 그대로 받아들여야 하는 약속을 뜻합니다.

둘째는 정리(定理)입니다. 정리는 성질이나 공식과 같은 것입니다. '네 변의 길이가 모두 같은 사각형'이 마름모의 '정의'였다면 '마름모는 마주 보는 두 각의 크기가 같습니다.' 또는 '마름모의 이웃한 두 각의 크기의 합은 180°와 같습니다.'와 같은 마름모의 성질은 '정리'인 것이지요.

이렇게 정의와 정리라는 수학 전공 수업 시간에나 나올 법한 용어까지 사용해 가며 수학에서 개념의 의미를 설명하는 이유는 정의와 정리는 의미하는 바가 다르므로 공부하는 방법도 다르게 해야 올바른 개념 학습을 할 수 있기 때문입니다.

수학도 암기 과목이다?

수학도 암기 과목이라는 말을 들어 봤나요? 지금까지 개념에 집중하는 공부가 중요하다고 했는데 수학도 암기 과목이라니 대체 무슨 말일까요? 이 말은 정의와 정리를 공부하는 방식을 두고 나온 말이라고 할 수 있습니다.

정의는 앞에서도 말했지만 '이렇게 하기로 약속한다.'라는 일차적인 개념의 의미이므로 수학에서 정의의 올바른 학습법은 정의를 그대로 받아들이고, 이해하고 정확하게 암기하는 것입니다. 그런데 정리는 조금 다릅니다. 정리는 일차적인 개념인 정의나 다른 개념에서 파생되는 성질이나 공식이기 때문에 암기 이전에 그런 성질이나 공식이 나오게 되는 과정을 이해하고 이끌어 낼 수 있어야 합니다. 즉 정리의 올바른 학습법은 성질의 이해를 바탕으로 증명을 한 이후에 암기하는 것이라고 할 수 있습니다.

수학은 교과서가 최고의 개념서이다

올바른 개념 학습을 하기에 가장 좋은 교재는 무엇일까요? 대형 출판사에서 나오는 다양한 개념서일까요? 저는 21년째 초등 수학 교재를 집필하고 편집하는 일을 해 온 초등 수학 교재 전문가입니다. 출판사에서는 좋은 교재를 만들기 위해 수학을 전공한 수많은 수학 전문 편집자들이 연구하고 회의하며 교재의 내용을 구성합니다. 이때 수학 편집자들의 가장 중심이 되는 참고 자료는 교과서입니다.

제가 생각하는 좋은 개념서의 조건에서 가장 큰 비중을 차지하는 부분도 바로 교육과정에 맞춰 충실하고 탄탄하게 개념을 다루고 있느

냐입니다. 아이들이 올바른 개념 학습을 하기에 가장 좋은 교재는 단언컨대 교과서입니다.

올바른 개념 공부
깨끗한 교과서 vs 지저분한 문제집

학부모님들 중에 아이의 학교 수학 교과서와 수학 익힘책을 문제집보다 꼼꼼하게 살펴본 분이 얼마나 될까요? 아이들의 학원용 교재나 집에서 풀고 있는 수학 문제집들은 직접 채점도 해 주고 틀린 문제를 반복해서 풀게도 하고, 개념 페이지에는 색색의 밑줄을 그어 가며 공부하고 있지만 정작 중요한 교과서는 학교에서 수업할 때만 사용하는 용도로 인식하는 경우가 대부분입니다.

심지어 요즘은 학교 사물함에 교과서를 두고 집에 가져가지 않는 경우도 많습니다. 그러다 보니 학기가 끝날 때까지 교과서가 깨끗한 상태로 남아 있는 경우도 흔치 않게 보아 왔습니다. 교과서만 가지고 모든 개념 공부를 하라는 이야기는 아닙니다. 다만 교과서에 나와 있는 개념도 제대로 공부하지 않으면서 여러 가지 문제집만 푸는 방법은 올바른 개념 공부가 아니라는 것입니다.

교과서로 올바르게 개념 학습하기

다음은 4학년 2학기 4단원 사각형에서 나오는 '사다리꼴의 정의'와 5학년 1학기 6단원 다각형의 둘레와 넓이에서 나오는 '사다리꼴의 구성 요소의 정의'입니다. 사다리꼴과 사다리꼴의 구성 요소를 다음과 같이 정의하기로 약속한 것이기 때문에 제시된 사다리꼴의 모양을 참고하여 사다리꼴과 사다리꼴의 구성 요소들의 정의를 이해하고 받아들이고 정확하게 암기하면 됩니다.

+ 4-2. 4단원 사각형
  < 사다리꼴의 정의>

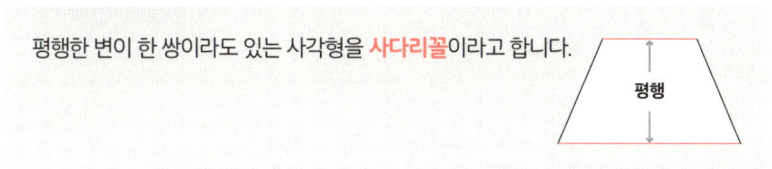

평행한 변이 한 쌍이라도 있는 사각형을 **사다리꼴**이라고 합니다.

+ 5-1. 6단원 다각형의 둘레와 넓이
  <사다리꼴의 구성 요소의 정의>

사다리꼴에서 평행한 두 변을 **밑변**이라 하고, 한 밑변을 **윗변**, 다른 밑변을 **아랫변**이라고 합니다. 이때 두 밑변 사이의 거리를 **높이**라고 합니다.

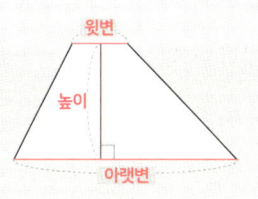

사다리꼴의 넓이를 구하는 방법을 아는 것은 앞에서 설명한 정의를

공부하는 것과는 공부 방법이 조금 다릅니다. 다음은 사다리꼴의 넓이를 구하는 공식입니다.

> (사다리꼴의 넓이)=((윗변의 길이)+(아랫변의 길이))×(높이)÷2

초등 교육을 마친 학부모님이라면 누구나 알고 있는 공식이지요. 그렇다면 이 공식의 의미는 이해하지 못한 채로 공식에 숫자를 대입해서 기계적인 계산을 통해 답을 구해 내면 사다리꼴의 넓이 구하는 학습을 제대로 한 것일까요? 만약 아이가 이러한 공식만을 외워서 사다리꼴의 넓이를 구한다면 이 아이는 사다리꼴의 넓이 구하는 방법은 공식을 이용하는 한 가지밖에 없다고 단정 지어 생각할 확률이 높습니다.

실제로 사다리꼴의 넓이에 대한 모든 개념 학습이 끝난 이후에 최종적으로는 사다리꼴의 넓이 구하는 공식을 암기하고 그것을 이용하여 구합니다. 하지만 교과서에서는 사다리꼴의 넓이 구하는 공식을 알려 주기에 앞서 다음과 같은 3가지 방법을 그림으로 제시하며 사다리꼴의 넓이 구하는 방법을 보여 주고 있습니다.

단순히 사다리꼴의 넓이 구하는 공식을 암기하는 방법이 아니라 왜 그러한 공식이 나오게 됐는지 사다리꼴의 구성 요소의 정의와 여러 가지 도형(평행사변형, 삼각형 등)의 성질을 연결하여 사다리꼴의 넓이 구하는 방법의 이해를 바탕으로 공식을 증명한 이후에 암기하는 방법으로 공부하는 것이 올바른 개념 학습법입니다.

실제로 이렇게 공식이 나오는 과정을 모두 이해하고 그 이후에 공식을 암기하면 더 오랫동안 머리에 남게 되는 효과가 있습니다. 다음에 보여 주는 내용은 교과서에서 다루는 사다리꼴의 넓이 구하는 방법을 이해시켜 주는 방식입니다.

❶ 사다리꼴 2개를 이용하여 넓이를 구하는 방법

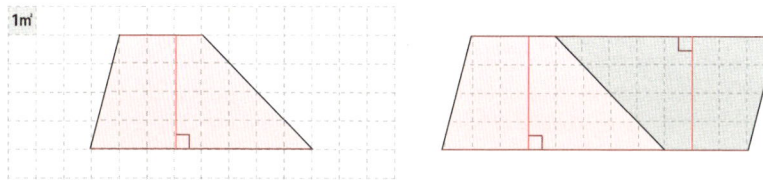

평행사변형의 밑변의 길이는 사다리꼴의 윗변의 길이와 아랫변의 길이의 합과 같고 평행사변형의 높이는 사다리꼴의 높이와 같으므로 평행사변형의 넓이는 사다리꼴의 넓이의 2배입니다.

(사다리꼴의 넓이) = (만들어진 평행사변형의 넓이)의 반

= (만들어진 평행사변형의 넓이) ÷ 2

= (만들어진 평행사변형의 밑변의 길이) × (만들어진 평행사변형의 높이) ÷ 2

= ((윗변의 길이) + (아랫변의 길이)) × (높이) ÷ 2

❷ **사다리꼴을 잘라 넓이를 구하는 방법**

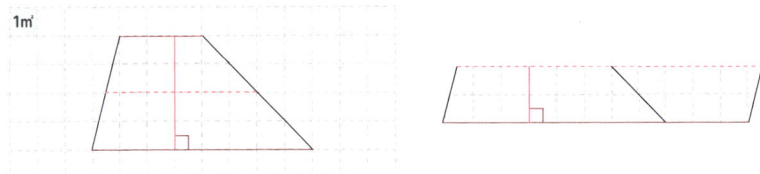

평행사변형의 밑변의 길이는 사다리꼴의 윗변의 길이와 아랫변의 길이의 합과 같고, 평행사변형의 높이는 사다리꼴의 높이의 반이므로 평행사변형의 넓이는 사다리꼴의 넓이와 같습니다.

(사다리꼴의 넓이) = (만들어진 평행사변형의 넓이)

= (만들어진 평행사변형의 밑변의 길이)

× (만들어진 평행사변형의 높이)

= (밑변의 길이) × (사다리꼴의 높이)의 반

= ((윗변의 길이) + (아랫변의 길이)) × (높이) ÷ 2

❸ **삼각형으로 나누어 넓이 구하는 방법**

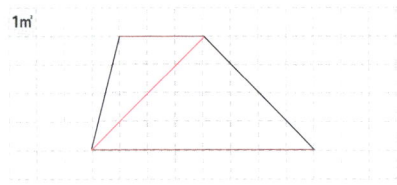

사다리꼴을 그림과 같이 삼각형 2개로 나누면 왼쪽 삼각형의 밑변은 사다리꼴의 윗변이 되고, 오른쪽 삼각형의 밑변은 사다리꼴의 아랫변이 됩니다. 또한 두 삼각형의 높이는 사다리꼴의 높이와 같습니다. 따라서 두 삼각형의 넓이를 각각 구한 다음 더하면 사다리꼴의 넓이가 됩니다.

(사다리꼴의 넓이) = (두 삼각형의 넓이의 합)
　　　　　　　　 = (왼쪽 삼각형의 밑변) × (사다리꼴의 높이) ÷ 2 +
　　　　　　　　　 (오른쪽 삼각형의 밑변) × (사다리꼴의 높이) ÷ 2
　　　　　　　　 = ((윗변의 길이)+(아랫변의 길이)) × (높이) ÷ 2

아이에게 지금 바로 물어 보세요. 당연하게 알고 있는 공식이 왜 그렇게 나오게 된 것인지 아이가 설명할 수 없다면 제대로 된 개념 학습을 하지 못하고 있는 것입니다. 무조건 공식을 외워 사다리꼴의 넓이를 구하여 답을 맞힐 수는 있지만 왜 그런지 모르고 답만 맞히는 문제 풀이는 아이의 수학 학습 능력 향상에 전혀 도움이 되지 않는다는 것을 기억해야 합니다.

개념을 정확히 이해했는지 확인하는 방법

　아이에게 배운 개념을 말로 설명해 보게 하는 것은 개념에 대한 이해를 정확히 했는지 파악하기에 가장 최적화된 방법입니다. 말로 설명을 해 보면 자기가 아는 것과 모르는 것이 무엇인지(메타인지) 아이 스스로 명확해지기 때문에 대충 공부하고 안다고 착각하고 넘어가는 습관을 바로 잡을 수 있습니다. 이러한 방법이 습관화되면 개념을 정확히 공부하는 것에서 더 나아가 모르는 것에 대해서 스스로 공부할 내용과 공부의 방향을 정할 수 있게 되므로 자기주도적인 공부 습관이 자리 잡게 됩니다.

　수학은 개념을 제대로 이해하지 못하면 말로 설명할 수 없습니다. 말로 표현할 수 있다는 것은 아이가 그 개념을 정확히 이해했다는 것이기 때문에 아이에게 배운 개념을 말로 설명할 기회를 꼭 주어야 합니다. 이때 중요한 것은 부모님의 역할입니다. "너 오늘 배운 개념 엄마한테 말로 설명해 봐."와 같이 아이에게 부담감을 안겨 주는 방식의 질문은 피해야 합니다. 이런 식의 질문은 자칫 아이가 엄마 앞에서 공부한 내용을 평가받는 느낌을 줄 수 있고, 그런 느낌이 들기 시작하면 아이는 본인의 생각을 말로 설명하는 것을 피하고 싶어 할 수도 있으니까요.

　아이가 배운 개념을 말로 설명해 보도록 자연스럽게 유도하기 위해서는 "엄마는 분수가 뭔지 잘 모르겠는데 ○○가 엄마한테 설명 좀 해

줄래?", "아, 분수가 그런 거였구나.", "분수를 공부하면서 ○○는 궁금한 게 뭐였어?"와 같이 아이의 설명이 논리적인지, 미흡한지와 같은 판단 기준은 내려놓고 아이가 그날 배운 내용에 대해서 스스로 다시 한번 되돌아보는 기회를 갖게 해 주는 역할이면 충분합니다.

개념 이해의 최종 단계는 문제 풀이에 적용시키는 것이다

개념을 아는 것과 개념을 제대로 활용할 줄 아는 것은 다릅니다. 우리가 우산이 무엇인지 알고 있고 가지고 있어도 비가 올 때 우산을 꺼내어 쓰지 못한다면 우산을 제대로 활용하고 있다고 할 수 없는 것처럼 개념을 이해만 하고 있다고 올바른 개념 학습을 하는 것이 아닙니다. 내가 배운 개념을 문제에서 활용할 수 있어야 제대로 된 개념 학습을 하는 것입니다.

수학에서의 개념은 영어 단어처럼 주어진 스펠링을 단순하게 외워서 학습할 수 있는 것이 아닌 추상적인 언어로 되어 있기 때문에 한 번에 이해가 된다거나 이해가 됐어도 바로 암기가 된다거나 하지 않습니다. 실제로 문제를 풀어 보면서 문제 속에서 개념이 어떻게 적용되는지 확인 과정을 거쳐야 개념 정리가 완성되는 것입니다. 결국 수학 문제를 푼다는 것은 내가 배운 개념들과 문제에 주어진 조건들을 이용해서 문제를 해결해 내는 것이라고 할 수 있습니다.

진주쌤 TIP

'왜냐하면…'의 마법

아이가 개념을 이해하고 그 개념을 적용하여 문제를 풀면서 개념 완성을 할 수 있도록 평소에도 어렵지 않게 연습할 수 있는 팁을 하나 알려 드리겠습니다. 이 방법은 개념 잡기뿐만 아니라 서술형 풀이 쓰는 연습을 할 수 있는 좋은 방법이니 꼭 한 번씩 활용해 보길 추천합니다. 특히 도형 단원들처럼 정확하게 정의를 암기해야 하는 파트에서는 더욱 효과적입니다.

다음은 개념서에서 흔하게 볼 수 있는 아주 기본적인 문제들입니다. 아이들은 이렇게 기본 개념을 다루는 문제들의 정답은 쉽고 빠르게 적어 냅니다. 이때 답을 맞혔다고 동그라미 치고 바로 넘어가지 말고 개념을 정확히 알아야 하는 부분에는 '왜냐하면…'이라고 적은 접착식 메모지를 붙여 주고 그렇게 답을 쓰게 한 이유를 적어 보게 하세요. 당연하게 적어 낸 답이 왜 그런지 다시 한번 개념을 떠올려 보게 하는 것만으로도 아이들의 머릿속에서 개념을 정리할 수 있는 좋은 기회를 줍니다.

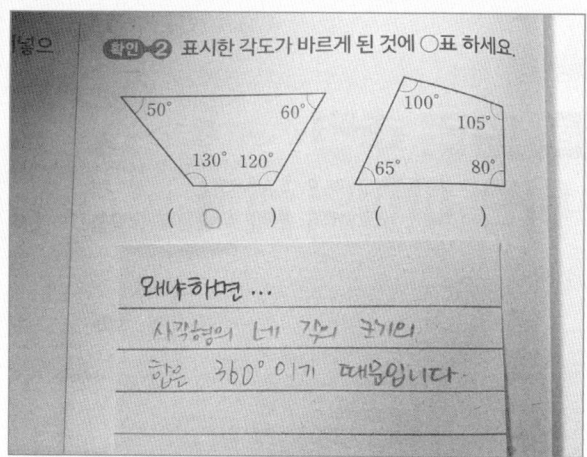

『힌트북 초등수학 4-1』 2.각도 단원 문제 중 일부, 슬기로운 공부

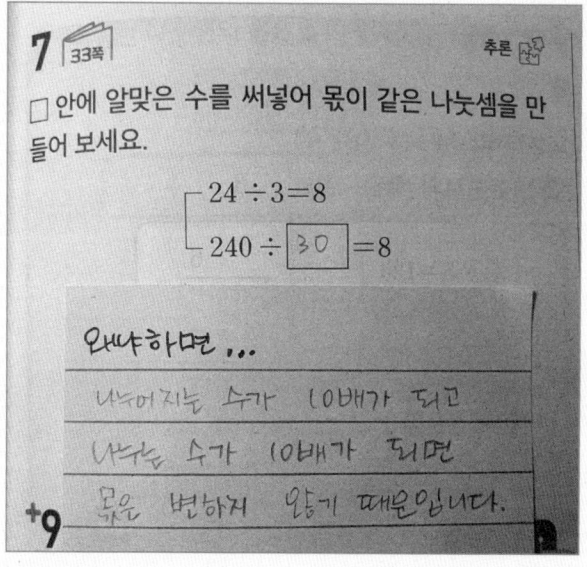

『힌트북 초등수학 4-1』 3. 곱셈과 나눗셈 단원 문제 중 일부, 슬기로운 공부

3장 | 수포자 방지 프로젝트

하나를 알려 주면
열을 아는 아이의 비밀

수학에서는 누구나 하나를 알려 주면 열을 알 수 있다

다양한 아이를 가르치다 보면 실제로 하나를 알려 주면 열을 아는 아이를 만나기도 합니다. 이 아이들은 '어떤 능력이 있어서 하나를 알려 주면 열을 알게 될까?'를 곰곰이 생각하며 지켜본 결과 이 아이들의 비밀은 이미 배운 개념과 새롭게 배운 개념을 연결 지어 생각해 낼 수 있는 능력을 가지고 있다는 것이었습니다. 평범한 아이들에게도 '공부 습관으로 이러한 능력을 잡아 줄 수 있지 않을까?' 하는 생각이 들었습니다.

저는 아이들에게 수학을 가르칠 때 평소에도 우리가 배우는 수학 개념이 모두 연결되어 있다는 사실을 인지시켜 주고, 새로운 개념을 배울 때 항상 그 전에 배웠던 개념과 연결 지어 설명해 줍니다. 그리고 앞으로 배우게 될 개념도 간단히 설명해 주며, 지금 우리가 배우는 이 개념들은 각자 따로 독립적인 것이 아니라 서로 고리로 연결되어 있다고 설명해 주고, 아이들 스스로도 연결 지어 생각해 볼 수 있는 시간을 줍니다.

이 방법은 누구든 어렵지 않게 활용할 수 있습니다. 개념을 제대로 이해하고 활용할 수 있다면 배우지 않은 개념까지 이끌어 낼 수 있습니다. 즉 하나를 알려 주면 열을 알게 되는 것이지요. 자기주도적인 공부법을 강조하는 전문가 선생님들 중에는 개념을 공부할 때 스스로 직접 개념을 읽고 파악하며 공부해야 한다고 말하는 분들도 있습니다. 하지만 저는 개인적으로 초등학생들에게 혼자서 개념을 읽고 파악하는 능력을 기대하기에는 무리가 있다고 생각합니다. 그래서 개념을 공부할 때 선생님이든 학부모든 옆에서 길잡이가 되어 잡아 주는 방법을 추천합니다.

개념고리 만들기

저는 아이들에게 수학 개념들은 각자 따로 독립적인 것이 아니라

서로 고리로 연결되어 있는 것이라고 일러 주면서 이를 '개념고리 만들기'라고 이름 붙였습니다. 아이들이 하나를 알려 주면 열을 알게 되는 습관을 가질 수 있도록 지금부터 개념고리 만들기의 의미를 아이들이 많이 어려워하는 분수의 계산을 예로 들어 설명하겠습니다.

3학년 1학기 6단원 분수와 소수에서 '전체를 똑같이 5로 나눈 것 중의 1을 $\frac{1}{5}$이라고 하고 $\frac{1}{5}$과 같은 수를 '분수'라고 한다.'고 처음으로 분수의 개념을 배웁니다. 그리고 4학년 2학기 1단원 분수의 덧셈과 뺄셈에서 $\frac{1}{5}+\frac{3}{5}=\frac{4}{5}$와 같은 분모가 같은 분수의 덧셈을 배우고, 5학년 1학기 5단원 분수의 덧셈과 뺄셈에서 $\frac{3}{5}+\frac{7}{10}=\frac{6}{10}+\frac{7}{10}=\frac{13}{10}=1\frac{3}{10}$과 같은 분모가 다른 분수의 덧셈을 배우게 됩니다.

자, 여기에서 '분수 $\frac{1}{5}$은 전체를 똑같이 5로 나눈 것 중의 1'이라는 분수의 개념 하나만 정확히 알고 있어도 $\frac{1}{5}+\frac{3}{5}$에서 $\frac{1}{5}$은 전체를 똑같이 5로 나눈 것 중의 1, $\frac{3}{5}$은 $\frac{1}{5}$이 3개인 분수이므로 전체를 똑같이 5로 나눈 것 중의 3이라는 것을 알 수 있습니다. 따라서 $\frac{1}{5}+\frac{3}{5}$은 전체를 똑같이 5로 나눈 것 중의 1+3=4, 즉 $\frac{1}{5}+\frac{3}{5}=\frac{4}{5}$라는 것까지 추론하여 알 수 있게 되는 것입니다.

이것은 분모가 같은 분수(동분모)의 덧셈의 경우 '분모는 그대로 두고 분자의 덧셈으로만 결괏값을 계산한다.'는 분수의 덧셈 원리까지 자연스럽게 이해할 수 있게 해 줍니다. 분모가 다른 분수의 덧셈에서도 마찬가지입니다. 개념 연결을 통해 분수의 덧셈에서 동분모의 경우 분모는 그대로 두고 분자끼리 더하여 계산한다는 분수의 덧셈 원리를 파악한 아이들의 경우 $\frac{3}{5}+\frac{7}{10}$과 같은 분모가 다른(이분모) 분수의 덧셈식을 마주하게 되는 순간 분모, 즉 더해야 하는 수의 단위가 다르기 때문에 분모를 같게 만들어 줘야 할 필요성을 느끼게 됩니다. 그래야 분모는 그대로 두고 분자끼리 더할 수 있게 되기 때문이죠. 따라서 분모를 같게 만드는 통분의 과정을 통해서 $\frac{3}{5}+\frac{7}{10}=\frac{6}{10}+\frac{7}{10}=\frac{13}{10}=1\frac{3}{10}$과 같은 결괏값을 이끌어 낼 수 있고, 이는 결국 이분모 덧셈의 원리까지 스스로 파악하여 계산할 수 있게 되는 것입니다.

또 곱하기가 동수누가의 원리라는 개념을 정확히 이해하고 있다면 아직 배우지 않은 $\frac{1}{5}\times4$와 같은 분수와 자연수의 곱셈까지 $\frac{1}{5}\times4=\frac{1}{5}+\frac{1}{5}+\frac{1}{5}+\frac{1}{5}=\frac{4}{5}$의 방법으로 스스로 깨우쳐 답을 구해 낼 수 있습니다. 즉 분수의 개념 → 동분모 덧셈의 원리 → 이분모 덧셈의 원리 → 분수와 자연수의 곱셈의 원리까지 스스로 이해하는 사고의 확장이 가능해지는 것입니다.

개념고리 만들기의 힘은 문제를 풀 때 드러난다

분명 해당 단원의 문제들을 다 풀어서 맞혔는데 문제 유형의 조건이 조금만 바뀌어도 모르겠다고 풀지 못하는 아이가 많습니다. 이것은 아이가 개념과 원리를 정확하게 이해하지 못한 상태에서 문제 풀이 방법만을 익혀 문제를 풀어서 맞혔기 때문에 나타나는 현상일 가능성이 높습니다.

아이들은 초등학교 시절부터 다양한 종류의 수학 문제집을 풀면서 여러 가지 문제 유형을 접하게 됩니다. 이때 잊지 말아야 할 점은 다양한 문제를 푸는 목적은 문제 푸는 기술을 익히려는 것이 아니라 자기가 익힌 개념을 문제를 통해 확실하게 정리해 보기 위해서입니다.

무조건 많은 문제를 푼다고 아이의 수학 실력이 늘어나는 것은 아닙니다. 물론 초등학교나 중학교 시험까지는 수학 시험 문제가 여러 문제집의 대표 유형이나 기출 문제에서 크게 벗어나지 않는 수준입니다. 그 때문에 문제를 많이 풀면 아이의 수학 점수가 오르고, 또 그렇기 때문에 아이의 수학 실력도 올랐다는 생각이 들기도 합니다.

하지만 이것은 실제로 수학 실력이 늘어난 것이 아닐 수도 있습니다. 이런 공부 방법의 문제점은 고등학교 수학을 배울 때 나타납니다. 고등학교 수학 문제는 대부분 한 가지 개념으로 풀 수 있는 것이 아니기 때문에 난이도도 높지만 유형도 매우 다양해서 문제 푸는 방법만 연습하는 학습법으로는 절대로 성적을 올릴 수 없습니다.

고등학교 때 발견된 문제점을 되돌리기는 매우 어렵습니다. 그래서 초등 수학이 매우 중요한 것입니다. 초등학교 수학을 배우면서 올바른 개념 학습을 통해 기초를 탄탄하게 쌓아 두어야 그 기초가 중학교 수학으로, 또 고등학교 수학으로 연결되기 때문에 지금부터라도 문제를 풀 때 답만 확인하고 넘어가지 말고 꼭 그 문제를 풀 때 사용한 수학 개념이 무엇인지 확인하고 넘어가는 습관이 필요합니다.

진주쌤 TIP

한눈에 보는
영역별 초등 수학 교육과정

현재 2015 교육과정에서 초등 수학은 수와 연산, 도형, 측정, 규칙성, 자료와 가능성의 5개 영역으로 이루어져 있습니다. 다음 표에 있는 내용이 현재 아이들이 초등학교 6년 동안 배우는 수학의 전부라고 보면 됩니다.

2022 개정 교육과정에서는 수와 연산, 도형, 측정, 규칙성, 자료와 가능성의 5개 영역에서 수와 연산, 변화와 관계, 도형과 측정, 자료와 가능성의 4개 영역으로 통합되었고, 측정 영역의 수의 범위 어림하기(올림, 버림, 반올림)를 수와 연산 영역으로 이동시키는 등 수정 사항이 있으나 학년별 단원의 변화는 없습니다.

다음 표는 현재 교육과정인 2015 개정 교육과정을 기반으로 한 것입니다.

2015 개정 교육과정에 따른 초등학교 수학 교육과정

영역	핵심 개념	1~2학년	3~4학년	5~6학년
수와 연산	수의 체계	네 자리 이하의 수	다섯 자리 이상의 수, 분수, 소수	약수와 배수, 약분과 통분, 분수와 소수의 관계
	수의 연산	두 자리 수 범위의 덧셈과 뺄셈, 곱셈	세 자리 수의 덧셈과 뺄셈, 자연수의 곱셈과 나눗셈, 분모가 같은 분수의 덧셈과 뺄셈, 소수의 덧셈과 뺄셈	자연수의 혼합 계산, 분모가 다른 분수의 덧셈과 뺄셈, 분수의 곱셈과 나눗셈, 소수의 곱셈과 나눗셈
도형	평면도형	평면도형의 모양, 평면도형과 그 구성 요소	도형의 기초, 원의 구성 요소, 여러 가지 삼각형, 여러 가지 사각형, 다각형, 평면도형의 이동	합동, 대칭
	입체도형	입체도형의 모양		직육면체, 정육면체, 각기둥, 각뿔, 원기둥, 원뿔, 구, 입체도형의 공간 감각
측정	양의 측정	양의 비교, 시각과 시간 길이(cm, m)	시간, 길이(mm, km), 들이, 무게, 각도	원주율, 평면도형의 둘레와 넓이, 입체도형의 겉넓이와 부피
	어림하기			수의 범위, 어림하기 (올림, 버림, 반올림)
규칙성	규칙성과 대응	규칙 찾기	규칙을 수나 식으로 나타내기	규칙과 대응, 비와 비율, 비례식과 비례배분
자료와 가능성	자료 처리	분류하기, 표, o, x, /를 이용한 그래프	간단한 그림그래프, 막대그래프, 꺾은선그래프	평균, 그림그래프, 띠그래프, 원그래프
	가능성	가능성		가능성

※ 한국과학창의재단, 2015 참조

개념고리로 연결된 초등 수학 한눈에 보기

다음 표는 초등 수학 전 학년, 학기별 단원을 정리한 것입니다. 영역별 개념고리가 어떻게 연결되어 있는지 참고하여 개념고리 학습법에 활용해 보세요.

	1단원	2단원	3단원	4단원	5단원	6단원
1-1	9까지의 수	여러 가지 모양	덧셈과 뺄셈	비교하기	50까지의 수	
1-2	100까지의 수	덧셈과 뺄셈(1)	여러 가지 모양	덧셈과 뺄셈(2)	시계 보기와 규칙 찾기	덧셈과 뺄셈(3)
2-1	세 자리 수	여러 가지 도형	덧셈과 뺄셈	길이 재기	분류하기	곱셈
2-2	네 자리 수	곱셈구구	길이 재기	시각과 시간	표와 그래프	규칙 찾기
3-1	덧셈과 뺄셈	평면도형	나눗셈	곱셈	길이와 시간	분수와 소수
3-2	곱셈	나눗셈	원	분수	들이와 무게	자료의 정리
4-1	큰 수	각도	곱셈과 나눗셈	평면도형의 이동	막대그래프	규칙 찾기
4-2	분수의 덧셈과 뺄셈	삼각형	소수의 덧셈과 뺄셈	사각형	꺾은선그래프	다각형
5-1	자연수의 혼합 계산	약수와 배수	규칙과 대응	약분과 통분	분수의 덧셈과 뺄셈	다각형의 둘레와 넓이
5-2	수의 범위와 어림하기	분수의 곱셈	합동과 대칭	소수의 곱셈	직육면체	평균과 가능성
6-1	분수의 나눗셈	각기둥과 각뿔	소수의 나눗셈	비와 비율	여러 가지 그래프	직육면체의 부피와 겉넓이
6-2	분수의 나눗셈	소수의 나눗셈	공간과 입체	비례식과 비례배분	원의 넓이	원기둥, 원뿔, 구

❶ 수의 체계

수는 사물의 개수와 양을 나타내기 위해 발생했으며 초등 과정에서 다루는 수는 자연수, 분수, 소수입니다.

❷ 수의 연산

초등 과정에서는 덧셈, 뺄셈, 곱셈, 나눗셈의 자연수에 대한 사칙 계산이 정의되고, 이는 분수와 소수의 사칙 계산으로 확장됩니다.

1. 자연수의 덧셈과 뺄셈

2. 자연수의 곱셈과 나눗셈

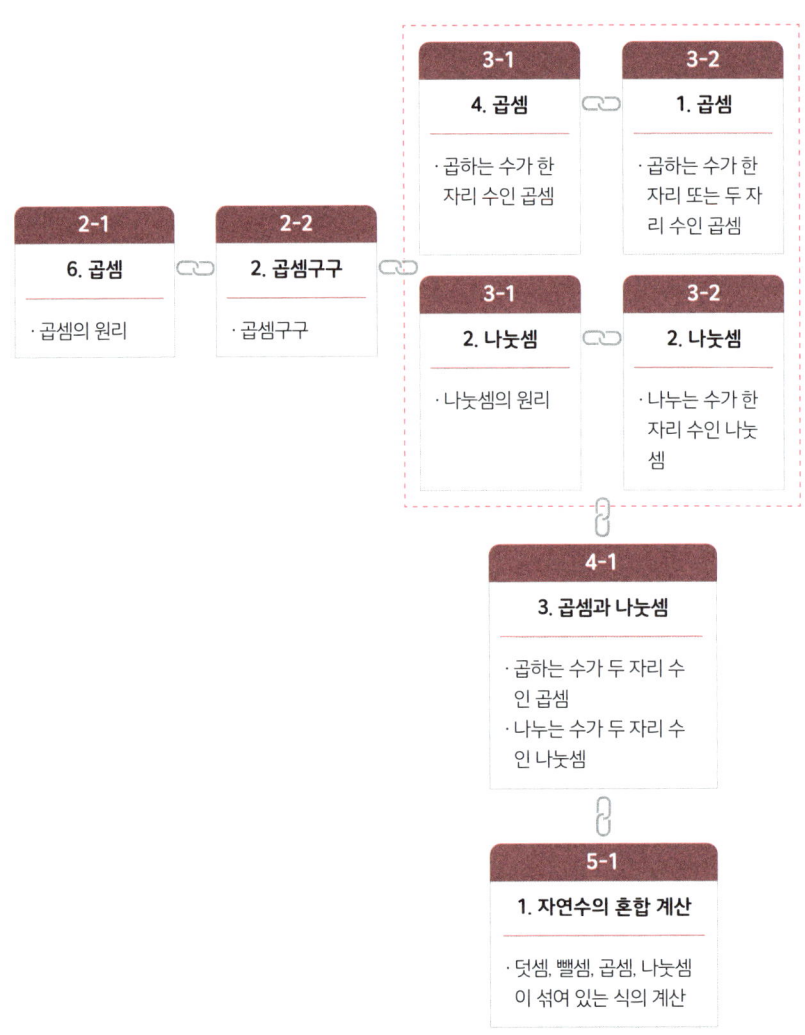

3. 분수, 분수의 계산

4. 소수, 소수의 계산

❸ 도형

초등 과정에서 도형 영역은 평면도형과 입체도형으로 나뉩니다. 각각의 평면도형과 입체도형은 고유한 성질을 갖고 있으므로 각 도형의 특징과 성질들을 잘 파악하고 있어야 합니다.

1. 평면도형

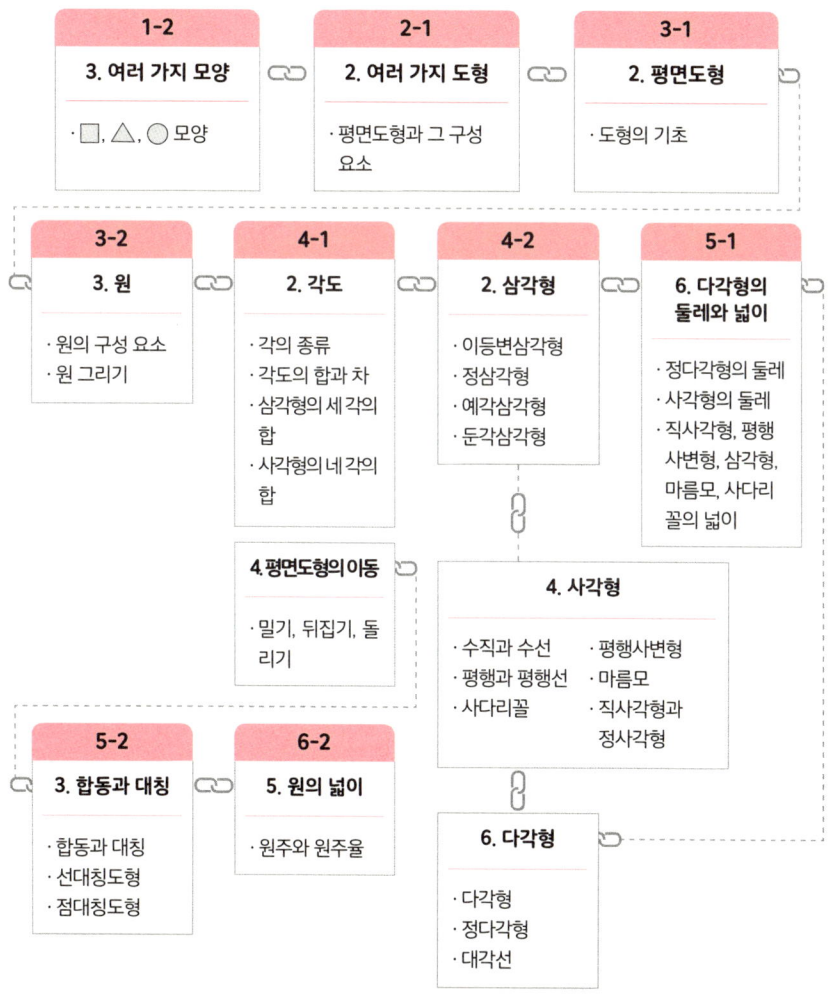

2. 입체도형

❹ 측정

우리 생활 주변에는 시간, 길이, 들이, 무게, 각도, 넓이, 부피 등 다양한 속성이 존재합니다. 측정은 이런 여러 가지 속성에 따른 단위를 이용하여 양을 수치화하는 영역입니다.

❺ 규칙성

규칙성은 생활 주변의 여러 현상을 탐구하는 데 중요한 영역이며 이후 중학교에서 배우는 함수 개념의 기초가 되는 영역입니다.

❻ 자료와 가능성

자료의 수집, 분류, 정리, 해석은 통계의 중요한 과정이며 가능성을 수치화하는 경험은 확률의 기초가 되는 영역입니다.

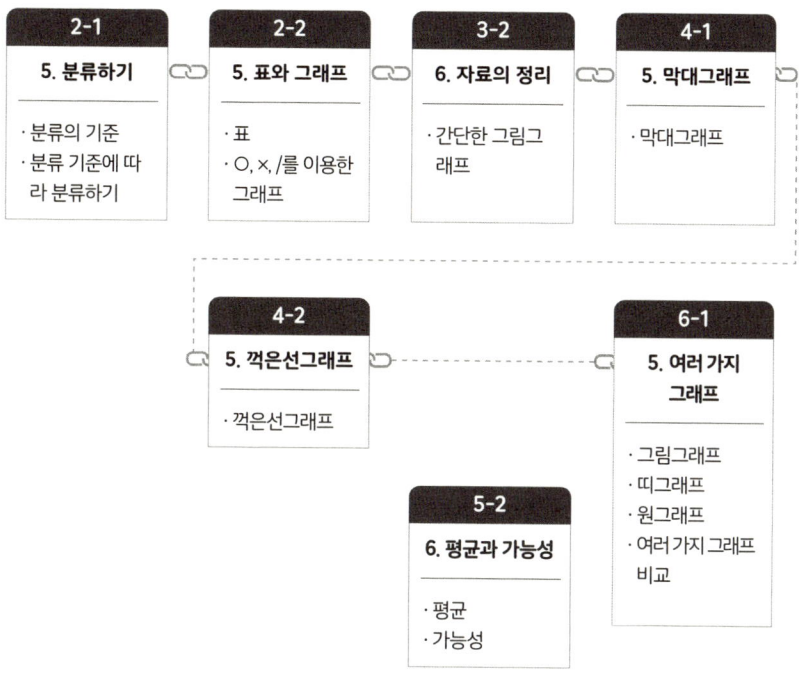

4장

초등 수학 구멍이 되는
약점 단원을 찾아라

내 아이
수학 학습의 구멍 찾기

수학을 잘하기 위해서는 아이의 수학 학습 구멍만 잘 찾아 채워 주면 된다고 말해도 과언이 아닙니다. 수학은 모든 영역과 학년에서 배우는 내용들이 긴밀하게 연결되어 있는 위계 과목입니다. 따라서 어느 한 부분에서 제대로 학습이 이루어지지 않아 구멍이 생기면 학년이 올라갈수록 점점 큰 구멍이 되어 결국에는 수학 실력을 키우는 데 큰 약점이 되는 것이지요.

구멍이라고 하면 대부분 틀린 문제만을 생각하지만 정답을 맞힌 문제도 자세히 살펴보면 아이의 수학 개념에 구멍이 있을 수 있습니다. 사실 보이는 구멍보다 이런 보이지 않는 구멍이 훨씬 위험합니다. 보이는 구멍은 바로 찾아 해결해 주면 됩니다. 그런데 보이지 않는 구멍은 지금 당장은 큰 문제를 일으키지 않지만 학습 내용이 많아지고 어려워지면서 서서히 그 구멍이 드러나기 시작하고, 그 구멍이 드러났을 때는 이미 상당히 큰 경우가 많아 문제점을 해결하기가 쉽지 않기 때문입니다.

100점이라는 함정에 빠지지 마라

수학 문제는 학년, 학기별로 특정한 유형이 있습니다. 해당 단원의 개념을 제대로 이해하고 문제를 푸는 아이들도 있지만, 단순히 수학 문제 유형에 익숙해져서 학교 시험 같은 비교적 난이도가 높지 않은 문제들은 익숙하게 잘 풀어서 100점을 받는 아이들도 있습니다. 이런 아이들은 문제 유형이 조금만 바뀌어도 바로 틀리거나, 같은 유형이라도 좀 더 심화된 응용 문제들을 제시하면 해결하지 못하는 경우가 적지 않습니다.

그러므로 아이가 100점을 받은 단원이라도 계산 과정에서 오류가 없었는지, 개념을 정말 제대로 알고 푼 것인지, 단순히 익숙한 유형의 문제들을 습관적으로 풀어서 맞힌 것은 아닌지 꼭 확인해야 합니다. 아이의 수학 학습 구멍을 제대로 파악하고 올바로 채워 주기 위해서는 이에 대한 정확한 정보가 필요합니다.

학부모가 아이의 수학 구멍을 제대로 찾을 수 있다

　학교나 학원은 한두 명의 아이만 가르치는 곳이 아니고 수업이 그 반 아이들의 평균 수준에서 이루어지기 때문에 한 명의 아이가 어려워하는 내용을 그 아이에게만 맞춰 이해시키고 넘어가기가 현실적으로 어렵습니다. 따라서 아이가 어려워하는 부분, 즉 구멍이 되는 내용들은 가정에서 학부모가 찾아 해결해 주어야 합니다.

　아이들이 어려워하는 학년, 학기별 내용이 무엇인지를 알려면 수학 교육과정에 대한 통찰력이 있어야 합니다. 이는 아이를 가르치는 선생님뿐만 아니라 학부모님에게도 필요한 능력입니다.

　수학은 나선형으로 배운 것이 심화, 확대되는 과목이기 때문에 저학년까지 수학을 못했던 아이가 고학년이 되어서 갑자기 잘하게 되는 일은 드뭅니다. 지금부터 학년별로 집중해서 공부해야 할 부분, 구멍이 생기기 쉬운 부분, 아이들이 특히 어려워하는 약점 단원과 그 해결 방법에 대해서 살펴보겠습니다.

1학년 수학
약점 단원 찾기

1학년 수학에서 가장 집중해야 할 부분

　1학년 수학은 초등 교육과정의 시작입니다. 겉으로 볼 때 굉장히 쉬워 보여서 학부모님뿐만 아니라 아이들까지도 1학년 수학을 너무 쉽게만 생각합니다. 초등학교 입학 전부터 연산 학습지 등을 통해서 연산 연습을 많이 한 아이들이 많다 보니 1부터 9까지의 수를 배우는 1단원부터 아이들은 너무 시시하다는 생각을 합니다. 하지만 쉬워 보이는 이 단원들은 이후 학년의 수학을 위해 아주 중요한 부분입니다. 그러므로 아이들이 이 부분들을 모두 정확하게 인지하고 있는지를 꼭 확인하고 넘어갈 필요가 있습니다.

1학년 수학 교과과정

단원	1학기	2학기
1단원	9까지의 수	100까지의 수
2단원	여러 가지 모양	덧셈과 뺄셈(1)
3단원	덧셈과 뺄셈	여러 가지 모양
4단원	비교하기	덧셈과 뺄셈(2)
5단원	50까지의 수	시계 보기와 규칙 찾기
6단원		덧셈과 뺄셈(3)

자연수 연산의 절반을 1학년 때 배운다?

초등학교 4학년까지 배우는 자연수의 사칙연산 중 절반에 가까운 내용을 1학년 때 배우게 됩니다. 1학년 수학 교과과정을 보면 가장 큰 비중을 차지하는 부분이 덧셈과 뺄셈이고, 수와 연산 영역의 단원들이 대부분을 차지합니다.

수와 연산에 관련된 개념은 1학년 때 다져야 할 아주 중요한 부분입니다. 1학년 아이들은 아직 수에 대한 지식이 비형식적이기 때문에 아이들의 수 감각을 강화시킬 수 있도록 기본적인 수 세기 전략부터 수의 크기, 수 관련성, 수의 규칙성, 연산과 자릿값 등에 대해 탄탄하게 개념을 익힐 수 있도록 하는 전략이 중요합니다.

1학년 수학 첫 번째 약점 단원 – 덧셈과 뺄셈

1학년 수학에서는 아이들이 어려워한다기보다는 정확하고 꼼꼼하게 개념을 익히고 넘어가야 할 단원을 알려 드리겠습니다. 첫 번째 단원은 덧셈과 뺄셈입니다. 덧셈과 뺄셈은 1학기 3단원, 2학기 2단원, 4단원, 6단원에서 다루고 있을 만큼 매우 중요하고 다루는 내용도 많습니다. 덧셈과 뺄셈은 동수누가, 동수누감과 같은 상황에서 곱셈과 나눗셈으로 확장되고 앞으로의 수학 학습을 위한 기초가 되는 내용이므로 1학년 수학에서 가장 중요한 부분입니다.

수의 합성과 분해(모으기와 가르기)

1학년 아이들은 수의 개념에 대한 이해가 발달함에 따라 수가 다양한 묶음으로 합성(모으기)되고 분해(가르기)될 수 있다는 것을 인식하기 시작합니다. 수의 합성과 분해는 덧셈과 뺄셈을 위해 익혀야 할 중요한 내용입니다. 특히 1학년 2학기 6단원에서 배우는 받아올림이 있는 (몇)+(몇)=(십몇)을 계산할 때는 10을 이용한 수의 합성과 분해가 매우 중요합니다. 예를 들어 아이들이 9와 6을 합성할 때 9와 1을 모으면 10이 된다는 것을 알고 있으면 일일이 세지 않고도 9와 1을 더하면 10이 되고, 나머지 5를 더하면 15가 됨을 쉽게 알 수 있는 것이죠.

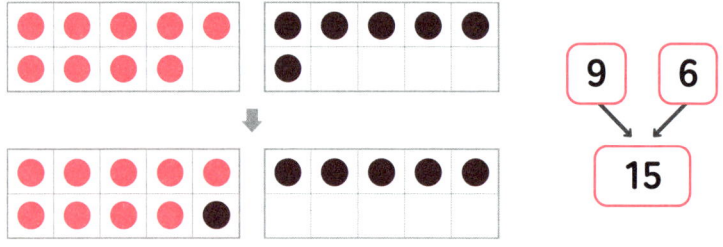

만약 아이가 받아올림이 있는 (몇)+(몇)=(십몇)의 개념을 아직 잡지 못했거나 계산 과정이 능숙하지 않다면 아이들이 다양한 구체물(바둑돌, 구슬, 클립 등)이나 수판과 같은 덧셈과 뺄셈 연산 모델을 사용하여 직접 구체물을 여러 가지 방법으로 모으고 가르며 이를 표현하는 연습을 시켜 주세요. 이러한 활동을 통해서 수의 합성과 분해를 이해하면 덧셈과 뺄셈의 기초를 잡을 수 있습니다.

다양한 일상 용어를 사용하여 덧셈과 뺄셈의 의미 파악하기

1학년 아이들은 더하기와 빼기라는 용어는 익숙한 용어이기 때문에 잘 이해하지만 덧셈과 뺄셈의 다양한 표현에는 아직 낯선 경우가 많습니다. 그러므로 덧셈과 뺄셈의 다양한 표현과 용어에 대한 정확한 개념을 인지시켜 주는 것이 필요합니다.

더하기(+)의 다양한 표현

'합한다', '~보다 ~큰 수', '~에 ~을 보탠다', ' ~와 ~을 모은다.', '~에 ~을 추가하면', '~보다 ~ 많은 수' 등

빼기(-)의 다양한 표현

'뺀다', '~보다 ~작은 수', '~에 ~을 덜어 낸다', ' ~와 ~을 가른다.', '~에 ~을 감하면', '~보다 ~ 적은 수' 등

덧셈 상황인지 뺄셈 상황인지 구별하기

1학년의 덧셈과 뺄셈은 받아올림이 없거나 있어도 한 번만 하는 쉬운 계산입니다. 그렇기 때문에 아이들이 덧셈과 뺄셈의 단순 계산은 잘할 수 있습니다. 하지만 주어진 여러 가지 문제 상황이 덧셈 상황인지, 뺄셈 상황인지 아이들이 잘 구별할 수 있는지는 확인해 볼 필요가 있습니다.

덧셈의 문제 상황 - 첨가, 합병

일상생활에서 덧셈이 필요한 상황은 크게 첨가 상황과 합병 상황으로 구분할 수 있습니다.

첫째, 첨가 상황은 처음 있던 양이 증가하도록 보태는 것과 같은 변화를 일으키는 행위나 시간에 따른 변화와 관련 있는 상황입니다. 예를 들면 "주차장에 8대의 자동차가 주차되어 있었는데 5대의 자동차가 더 들어왔습니다. 지금 주차장에 있는 자동차는 모두 몇 대입니까?"와 같이 주차장에 주차되어 있는 차가 8대에서 5대가 더 늘어나는 상황입니다. 이러한 첨가 상황은 8+5=13과 같은 덧셈식으로 구할 수 있습니다.

둘째, 합병 상황은 변화를 일으키는 행위나 시간에 따른 변화와는 관련이 없고 전체 집합과 그 부분 집합의 관계와 관련 있는 상황입니다. 예를 들면 "빨간색 색연필 4자루와 파란색 색연필 9자루가 있습니다. 색연필은 모두 몇 자루입니까?"와 같이 빨간색 색연필 4자루와 파란색 색연필 9자루를 합하는 합병 상황이므로 4+9=13과 같은 덧셈식으로 구할 수 있습니다.

뺄셈의 문제 상황 - 제거, 비교

일상생활에서 뺄셈이 필요한 상황은 크게 제거 상황과 비교 상황으로 구분할 수 있습니다.

첫째, 제거 상황은 처음에 있던 양이 감소하도록 덜어 내는 것과 같은 변화를 일으키는 행위나 시간에 따른 변화와 관련 있는 상황입니다. 예를 들면 "사탕이 11개 있었는데 7개를 먹었습니다. 남은 사탕은 모두 몇 개입니까?"와 같이 처음에 있던 사탕 11개에서 7개가 감소하는 상황입니다. 이러한 제거 상황은 11-7=4와 같은 뺄셈식으로 구할 수 있습니다.

둘째, 비교 상황은 서로 소인 두 집합의 크기를 비교하는 것과 관련 있는 상황입니다. 예를 들면 "지우개는 15개, 클립은 9개 있습니다. 지우개는 클립보다 몇 개 더 많습니까?"와 같이 지우개의 개수 15개와 클립 9개의 수의 크기를 비교하는 상황입니다. 이러한 비교 상황은 15-9=6과 같은 뺄셈식으로 구할 수 있습니다.

> 💡 **구멍이 없는지 체크해 보세요!**
>
> ☐ 수의 합성과 분해에서 적절한 구체물이나 그림을 이용하여 여러 가지 경우를 찾을 수 있나요?
> ☐ 적절한 구체물이나 그림을 이용하여 10을 이용한 모으기와 가르기를 할 수 있나요?
> ☐ 주어진 상황이 덧셈 상황인지 뺄셈 상황인지 이해하고 문제를 해결할 수 있나요?
> ☐ 덧셈과 뺄셈을 나타내는 식을 이해하고, 정확하게 사용할 수 있나요?
> ☐ 덧셈과 뺄셈을 여러 가지 방법으로 계산할 수 있나요?

1학년 수학 두 번째 약점 단원 – 100까지의 수

1학년 수학에서 정확하고 꼼꼼하게 개념을 익히고 넘어가야 할 두 번째 단원은 1학년 2학기 1단원 100까지의 수입니다. 이 단원에서는 1학년 1학기에서 배운 50까지의 수를 확장하여 십진법의 원리를 내포하는 10씩 묶음과 낱개의 수를 이용하여 99까지의 수 개념을 익히는 단원입니다.

이 단원에서 99보다 1 큰 수를 100으로 도입하고 100까지의 수의 순서를 파악하여 수 체계가 형성되도록 학습하고 있습니다. 100까지의 수 체계는 아이들이 쉽게 이해하고 어려움이 없을 수 있습니다. 하지만 이 단원이 특히 중요하고 의미가 있는 이유는 두 자리 수의 대소 비교에 부등호가 처음 도입되기 때문입니다.

수학적 약속 기호 알기 - 등호(=), 부등호(>, <)

1학년 아이들에게 수학적 약속인 기호의 개념을 정확하게 인지시키는 것은 매우 중요합니다. 등호(=)는 등호를 기준으로 좌변과 우변이 같을 때 사용하는 수학적 약속 기호라는 것과, 부등호(>, <)는 수 사이에서 성립하는 하나의 관계를 나타내는 기호라는 것을 알게 해 주세요. 또 벌어진 쪽에 큰 수가, 반대쪽에 작은 수가 오게 나타낸다는 의미를 정확하게 알려 줄 필요가 있습니다.

1학년 1학기에는 50까지의 수의 크기를 비교하여 '~보다 큽니다.' 또는 '~보다 작습니다.'라는 표현으로 대소 관계를 나타냈습니다. 하지만 1학년 2학기에는 부등호 >, <를 처음 사용하여 대소를 나타내므로 다음과 같이 부등호 읽는 방법을 정확하게 인지시켜 주세요.

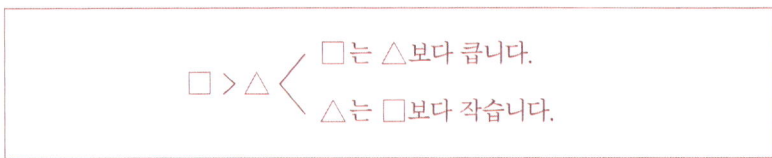

💡 구멍이 없는지 체크해 보세요!

☐ 10개씩 묶음과 낱개로 수를 세어 99까지의 수를 읽고 쓸 수 있나요?
☐ 99보다 1 큰 수가 100이라는 것을 알고 쓰고 읽을 수 있나요?
☐ 100까지 수의 순서를 알고 있나요?
☐ 100까지의 수 중에서 두 수의 크기를 비교할 수 있나요?
☐ 부등호의 의미를 알고 두 수의 크기 비교에 활용할 수 있나요?

2학년 수학
약점 단원 찾기

2학년 수학에서 가장 집중해야 할 부분

2학년 수학까지는 대부분의 아이가 쉽다고 생각합니다. 1학년 수학에서 가장 큰 비중을 차지했던 덧셈과 뺄셈은 2학년 수학에서는 받아올림과 받아내림이 있는 계산으로 좀 더 복잡한 내용을 다룹니다. 하지만 1학년 수학에서 덧셈과 뺄셈의 개념과 원리를 잘 익혔다면 어렵지 않게 이해하고 넘어갈 수 있습니다.

2학년 수학 교과과정

단원	1학기	2학기
1단원	세 자리 수	네 자리 수
2단원	여러 가지 도형	곱셈구구
3단원	덧셈과 뺄셈	길이 재기
4단원	길이 재기	시각과 시간
5단원	분류하기	표와 그래프
6단원	곱셈	규칙 찾기

2학년 수학 첫 번째 약점 단원 – 세 자리 수

2학년 수학에서도 정확하고 꼼꼼하게 개념을 익히고 넘어가야 할 단원 위주로 알려 드리겠습니다. 첫 번째 단원은 2학년 1학기 1단원 세 자리 수입니다. 이 단원은 1학년에서 학습한 두 자리 수에 대한 이해를 바탕으로 수의 범위를 1000까지 확장하여 배우는 단원입니다. 999보다 1 큰 수로 1000을 도입하고 세 자리 수의 크기를 비교하는 내용까지 학습하게 됩니다.

세 자리 수를 쓰고 읽고, 수의 크기를 비교하는 내용은 아이들이 어렵지 않게 잘할 수 있습니다. 이 단원에서 특히 주의해서 학습해야 할 부분은 세 자리 수에서 '자리', '자릿값', '각 자리의 숫자가 나타내는 값'의 의미입니다. 아이들이 이것을 정확히 알고 구별할 수 있는지 확인해 보아야 합니다.

숫자의 위치는 그 위치에 있는 수의 값을 결정한다

현재 우리가 사용하는 기수법은 인도-아라비아 기수법 체계입니다. 자릿값의 개념은 우리가 사용하는 수 체계에서 핵심적인 특징입니다. 덧셈, 뺄셈, 곱셈, 나눗셈 알고리즘의 원리를 이해하고 올바르게 사용하기 위해서는 자릿값의 개념 이해가 꼭 필요합니다.

아이들이 백의 자리는 100이라는 자릿값을, 십의 자리는 10이라는 자릿값을 갖고 있다는 것을 분명하게 알고 있는지 확인이 필요합니다. 예를 들어 504에서의 5와 450에서의 5는 완전히 다른 수를 나타낸다는 것을 알아야 합니다. 504에서 5는 백의 자리 숫자이고 자릿값은 100이며 100이 다섯이라는 의미로 그것이 나타내는 값은 500이고, 450에서 5는 십의 자리 숫자이고 자릿값은 10이며 10이 다섯이라는 의미로 그것이 나타내는 값은 50입니다.

세 자리 수 정확하게 쓰고 읽기

수를 읽고 쓰는 과정은 매우 쉬운 내용이라고 간과하기 쉽지만 간혹 자릿값의 개념이 충분치 않은 아이들은 이십칠을 '207'과 같이 수를 읽는 대로 숫자를 쓰는 오류를 범하기도 합니다. 이럴 때에는 세 자리 수를 성급하게 기호화하기보다는 구체물을 이용한 수 세기와 조작 활동을 충분히 한 후에 세 자리 수의 쓰기와 읽기를 학습하게 해 주는 것이 좋습니다. 자릿값의 이해는 세 자리 수를 쓰고 읽는 기능을 발달시킬 수 있습니다. 2학기에 배울 네 자리 수의 개념 역시 동일한 개념이므로 세 자리 수의 학습을 정확하게 하고 넘어갈 필요가 있습니다.

예) 세 자리 수 345의 이해

백의 자리	십의 자리	일의 자리
3	4	5

100이 3 ┐
10이 4 ├ 인 수
1이 5 ┘

💡 구멍이 없는지 체크해 보세요!

☐ 주어진 세 자리 수가 100이 몇, 10이 몇, 1이 몇으로 구성된 것인지 알고 있나요?
☐ 세 자리 수는 백의 자리, 십의 자리, 일의 자리 수를 가지고 있음을 알고 있나요?
☐ 주어진 세 자리 수의 각 자리의 숫자가 나타내는 값이 얼마인지 알고 있나요?
☐ 세 자리 수를 바르게 쓰고 읽을 수 있나요?

2학년 수학 두 번째 약점 단원 – 곱셈, 곱셈구구

 2학년 수학에서 정확하고 꼼꼼하게 개념을 익히고 넘어가야 할 두 번째 단원은 2학년 1학기 6단원 곱셈과 2학년 2학기 2단원 곱셈구구입니다. 2학년 수학은 자연수의 사칙연산 중 덧셈, 뺄셈이 거의 완성되는 학년이고 곱셈을 처음 배우는 학년이기 때문에 초등 수학에서 중요한 의미를 갖습니다. 따라서 2학년 수학에서 가장 의미 있고 중요한 개념은 곱셈이라고 할 수 있습니다.

곱셈은 왜 배우나요?

아이들은 일상생활에서 배열되어 있는 물건이나 묶음으로 되어 있는 물건의 전체 개수를 구할 때 하나씩 세거나, 그 수가 많은 경우 뛰어 세거나 묶어 세기로 수를 세어 왔습니다. 이런 경험을 통해서 하나씩 셀 때보다 묶어 세는 경우가 훨씬 편리함을 알고 있습니다.

곱셈은 이러한 뛰어 세기나 묶어 세기를 통해 같은 수를 여러 번 더할 때 시간이 많이 걸리고 복잡함을 느껴 좀 더 편리한 방법으로 찾아낸 새로운 계산 방법이라고 알려 주면 곱셈의 필요성을 자연스럽게 인식하는 데 도움이 됩니다. 즉 곱셈은 반복되는 덧셈을 효과적으로 실행하기 위한 방법이라는 것을 알게 해 주세요.

2학년에서 다루는 곱셈은 형식적으로 곱셈의 계산을 해서 답을 구하는 것이 목적이 아니라 곱셈의 의미를 이해하는 데 초점을 맞추어 이해시켜 주는 것이 중요합니다.

곱셈의 여러 가지 의미 알기

곱셈의 개념은 동수누가, 배 등 다양한 의미를 가지고 있습니다. 아이들이 이러한 여러 가지 다양한 곱셈의 의미를 인지할 수 있도록 이해시켜 주는 것이 좋습니다.

첫째, 동수누가의 개념은 곱셈을 같은 수의 반복된 덧셈으로 정의하는 것입니다.

예) 5×4=5+5+5+5=20
       └─ 4번 ─┘

둘째, 배의 개념으로 곱셈을 살펴보면, 곱셈은 단위량인 묶음의 크기와 묶음의 수에 해당하는 배, 전체량인 전체의 크기 사이의 상호 관계를 의미하는 것입니다.

예) 5×4=20 → 5의 4배는 20
     └묶음의 크기┘ └묶음의 수┘ └전체의 크기┘

곱셈 개념을 이해하고 곱셈구구를 외우자

아이가 곱셈의 개념에 대해서 정확하게 이해를 했다면 이를 바탕으로 곱셈구구를 외우게 하는 것이 좋습니다. 하지만 곱셈구구를 외우기에 앞서 2의 단부터 9의 단까지 각 단의 곱셈구구의 구성 원리를 아이가 스스로 여러 가지 방법으로 생각해 보고 이해할 수 있도록 기회를 제공해 주는 것이 좋습니다.

곱셈구구를 2의 단부터 차례대로 9의 단까지 단순 암기를 시키기보다는 구성 원리를 파악하였다면 2의 단 → 5의 단 → 3의 단과 6의 단 → 4의 단과 8의 단 → 7의 단 → 9의 단 순서로 외우게 하는 것이 좀 더 효율적입니다. 뛰어 세기가 상대적으로 수월한 2의 단과 5의 단부터 외우고, 구성 원리가 비슷한 3의 단과 6의 단, 4의 단과 8의 단끼리 묶어서 외우게 합니다. 단순한 곱셈구구의 암기보다는 곱셈구구의 구성 원리를 파악하는 데 중점을 두어야 한다는 점을 잊지 마세요.

💡 구멍이 없는지 체크해 보세요!

- ☐ 묶어 세기와 뛰어 세기의 방법을 알고 있나요?
- ☐ 주어진 물건을 다양한 방법으로 묶어 세고 '몇씩 몇 묶음'으로 나타낼 수 있나요?
- ☐ '몇씩 몇 묶음'을 '몇의 몇 배'로 나타낼 수 있고 배의 개념을 알고 있나요?
- ☐ 배의 개념과 동수누가의 개념을 관련지을 수 있나요?
- ☐ '몇의 몇 배'를 곱셈식으로 나타낼 수 있나요?
- ☐ 2의 단부터 9의 단까지의 곱셈구구의 구성 원리를 이해하고, 곱셈구구를 외울 수 있나요?
- ☐ 1의 단 곱셈구구와 0과 어떤 수의 곱을 이해할 수 있나요?
- ☐ 실생활의 문제를 곱셈구구로 해결할 수 있나요?

진주쌤 TIP

곱셈구구를
쉽게 외우는 방법

곱셈구구는 외우기 쉬운 단계부터 외우면 됩니다. 보통 곱셈구구는 2의 단부터 외우기 시작합니다. 이때 아이가 좀 더 쉽게 곱셈구구의 원리를 파악하고 외우게 하기 위해서는 2의 단인 경우 아이가 알고 있는 것 중에서 2개가 1쌍으로 된 것이나 대칭으로 되어 있는 사물을 예시로 들어서 생각해 보게 합니다.

"젓가락이 1쌍이면 2개지? 그럼 2쌍이면 젓가락이 모두 몇 개지?"와 같이 눈, 콧구멍 등 2개가 1쌍으로 된 사물들을 아이와 함께 찾아봅니다. 질문에 대한 답이 바로 안 나오면 그림을 그려서 그림을 손으로 짚어 가며 확인을 하게 합니다.

각 단의 곱셈구구를 외우게 할 때 다음의 예시들을 활용해서 연습해 보세요. 단 예시를 찾을 때에는 일상생활에서 항상 볼 수 있고 접할 수 있는 소재를 찾는 것이 좋습니다.

곱셈구구 외우는 순서와 사용하면 좋은 예시

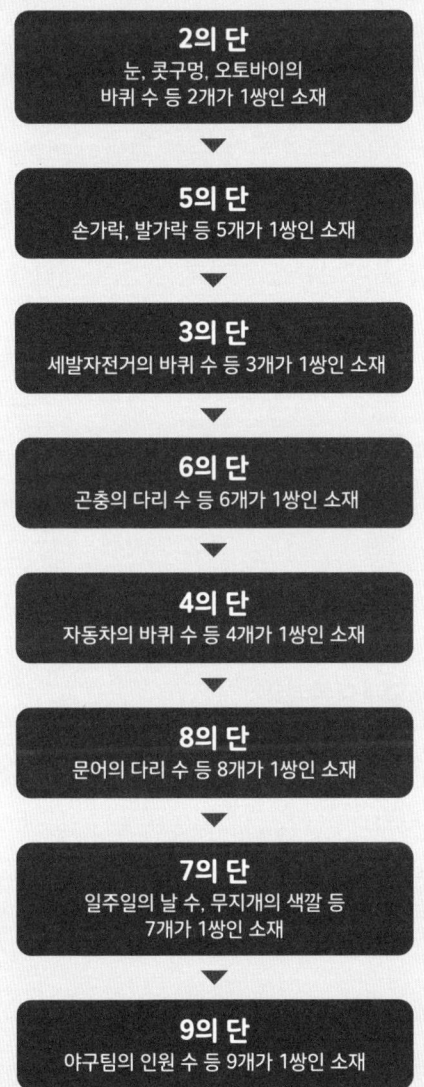

4장 | 초등 수학 구멍이 되는 약점 단원을 찾아라

2학년 수학 세 번째 약점 단원 – 시각과 시간

✔

2학년 수학에서 정확하고 꼼꼼하게 개념을 익히고 넘어가야 할 세 번째 단원은 2학년 2학기 4단원 시각과 시간입니다. 시각과 시간은 일상생활과 밀접하게 관련 있는 친숙한 개념이고 아이들은 초등학교에 입학하기 이전에 이미 시각과 시간을 생활 속에서 경험하고 있습니다. 하지만 2학년 아이들은 시각과 시간의 개념을 구분하는 것을 매우 어려워합니다.

'나는 오늘 아침 8시 10분에 일어났습니다.'와 '나는 아침 식사를 30분 동안 했습니다.'와 같이 전자인 시각과 후자인 시간을 둘 다 동일한 단위인 '분'을 이용하기 때문에 시각과 시간을 구분하는 것을 매우 혼란스러워하는 것이지요.

시각과 시간은 어떻게 다른가요?

시각은 '현재'를 나타내는 시간이고, 시간은 '양'을 나타내는 시간이라고 할 수 있습니다. 시각은 기준점으로부터 얼마나 떨어져 있는지를 나타내는 위치 개념, 시간은 두 시각 사이의 거리를 나타내는 양적 개념입니다. 아이들이 시각과 시간의 개념을 이해할 수 있도록 시각과 시간 단원에서 다루고 있는 내용들을 꼼꼼하게 학습하고 넘어갈 수 있게 해 주세요.

60진법을 이해해야 하는 시각과 시간

2학년 아이들은 아직 시계를 읽는 데 어려움을 겪는 경우가 종종 있습니다. 2학년 수학에서는 분 단위까지의 시각을 다루긴 하지만 시계를 읽으려면 시와 분을 나타내는 긴바늘과 짧은바늘을 인식해야 하고, 60진법을 이해해야 시각을 읽고 시간을 계산할 수 있기 때문에 아이가 혼란스러워할 수 있습니다.

이때는 모형 시계를 가지고 충분히 시간의 개념을 다루면서 시각과 시간에 관련된 개념이나 원리를 이해시켜 주는 것이 필요합니다. 1시간은 60분이라는 관계를 정확히 이해하고, 시계를 관찰하면서 1부터 12까지 숫자의 의미, 긴바늘과 짧은바늘의 역할과 특징을 파악하는 것이 중요합니다.

> 💡 **구멍이 없는지 체크해 보세요!**
>
> ☐ 시각을 '분' 단위로 읽고, 시계에 나타낼 수 있나요?
> ☐ 시각을 '몇 시 몇 분'과 '몇 시 몇 분 전'으로 읽을 수 있나요?
> ☐ 1시간은 60분임을 알고, 시간을 '시간'과 '분'으로 표현할 수 있나요?
> ☐ 하루가 24시간임을 알고, 하루의 시간을 오전과 오후로 구분하여 설명할 수 있나요?
> ☐ 달력을 보고 1주일, 1개월, 1년 사이의 관계를 이해할 수 있나요?

04

3학년 수학
약점 단원 찾기

3학년 수학에서 가장 집중해야 할 부분

　3학년에서 가장 집중해야 할 부분은 사칙연산에 능숙해지는 것입니다. 초등학교에 입학해서 3학년까지 수학을 배우게 되면 초등 수학의 기초 내용을 조금씩 다 배운 셈입니다. 초등학교에서 배우는 수와 연산 영역은 자연수, 분수, 소수의 사칙연산이 전부입니다. 3학년까지 수학을 배우면 자연수, 분수, 소수의 기본 개념은 다 배우게 되고, 자연수의 사칙연산도 나눗셈까지 모두 배우게 됩니다. 도형 영역도 입체도형을 빼고는 대부분의 도형 개념을 전부 배우게 됩니다. 자연수의 사칙연산은 초등 수학에서 가장 기초가 되고 중요한 부분이기 때문에 3학년은 사칙연산의 틀이 잡히고 능숙해지는 것에 가장 집중해야 할 시기입니다.

3학년 수학 교과과정

단원	1학기	2학기
1단원	덧셈과 뺄셈	곱셈
2단원	평면도형	나눗셈
3단원	나눗셈	원
4단원	곱셈	분수
5단원	길이와 시간	들이와 무게
6단원	분수와 소수	자료의 정리

3학년 수학 첫 번째 약점 단원 – 나눗셈

3학년 수학에서 아이들이 어려워하는 약점 단원 중 첫 번째 단원은 3학년 1학기 3단원과 3학년 2학기 2단원의 나눗셈입니다. 나눗셈은 덧셈, 뺄셈, 곱셈 연산을 모두 활용할 수 있을 때 가능한 연산입니다. 사칙연산 중에서 아이들이 가장 어려워하는 부분입니다.

그렇다고 연산 학습지와 같은 방법으로 계산을 기계식으로 반복 연습하여 나눗셈의 정답만 맞히는 것에 집중하는 학습법은 바람직하지 않습니다. 곱셈이 같은 수를 여러 번 더하는 동수누가의 개념임을 알게 하고, 이와 같은 의미로 같은 수를 여러 번 빼는 동수누감의 개념이 나눗셈이라는 것, 즉 나눗셈의 원리부터 정확하게 알게 해 주어야 합니다.

포함제 나눗셈? 등분제 나눗셈?

3학년 1학기 3단원인 나눗셈 단원을 살펴보면 나눗셈을 등분제 나눗셈과 포함제 나눗셈 2가지 개념으로 설명합니다.

등분제 나눗셈은 '과자 8개를 2명이 똑같이 나누어 먹으려고 합니다. 한 명이 과자를 몇 개씩 먹을 수 있을까요?'와 같은 나눗셈 상황에서 과자 8개를 똑같게 두 부분으로 나누는 개념입니다.

등분제 나눗셈

과자 8개를 2명이 똑같이 나누어 먹으려고 합니다. 한 명이 과자를 몇 개씩 먹을 수 있을까요?

$8 \div 2 = 4$

포함제 나눗셈은 '과자 8개를 한 접시에 2개씩 담으려면 접시가 몇 개 필요할까요?'와 같은 나눗셈 상황에서 2개씩 똑같이 묶어 덜어 내는 개념입니다.

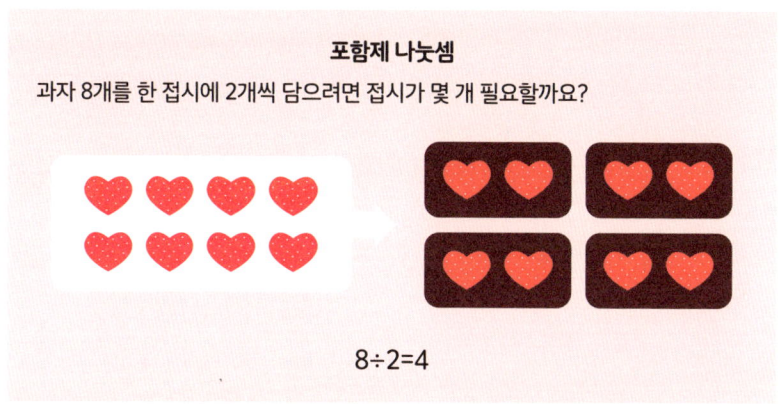

아이들은 나눗셈의 개념을 등분제 나눗셈이나 포함제 나눗셈의 개념 중 한 가지 개념만 이해하고 나눗셈을 이해했다고 넘어가는 경우가 많습니다. 또 아이가 단순 나눗셈 계산의 정답을 잘 맞히고 있으니 나눗셈을 잘한다고 생각하는 학부모님도 많습니다.

특히 등분제 나눗셈 개념은 뒤에 나오는 분수 개념의 밑바탕이 되는 개념이기 때문에 등분제 나눗셈의 개념을 이해하지 못하고 넘어가면 분수의 개념 이해에서 어려움이 생길 수 있습니다. 나눗셈을 단순 계산 연습이 아닌 '나눗셈의 원리', '몫과 나머지의 개념', '곱셈과 나눗셈의 관계', '곱셈과 나눗셈의 관계를 이용하여 검산하기' 등 나눗셈의 개념에 집중하는 공부로 잡아 주어야 합니다.

> 💡 **구멍이 없는지 체크해 보세요!**
>
> ☐ 나누기를 해야 할 상황에서 똑같이 나누기를 할 수 있나요?
> ☐ 곱셈과 나눗셈의 관계를 알고 곱셈에서 나눗셈의 몫을 찾아낼 수 있나요?
> ☐ 곱셈구구를 이용하여 나눗셈의 몫을 쉽고 빠르게 구할 수 있나요?
> ☐ 똑같이 나누는 상황과 곱셈을 나눗셈으로 나타내는 상황을 나눗셈식으로 나타낼 수 있나요?
> ☐ 곱셈구구 범위에서 곱셈과 나눗셈의 관계를 이용하여 나눗셈의 몫을 구할 수 있나요?
> ☐ 여러 가지 나눗셈의 알고리즘을 이해하고 있나요?
> ☐ 나머지와 검산의 의미를 알고 실생활에서 나눗셈을 활용할 수 있나요?

3학년 수학 두 번째 약점 단원 – 분수

3학년 수학에서 아이들이 어려워하는 약점 단원 중 두 번째 단원은 3학년 2학기 4단원 분수입니다. 분수는 전체에 대한 부분, 비, 몫, 연산자 등과 같이 여러 가지 의미가 있어서 사실 초등학생에게는 어려운 개념입니다.

초등학교 교육과정에서의 분수는 저학년에서 '전체에 대한 부분'의 의미로 배우기 시작해서 학년이 올라갈수록 여러 가지 분수의 의미를 경험할 수 있도록 구성되어 있습니다. 아이들은 일상생활에서 피자를 똑같이 나누어 먹거나 빵을 접시에 똑같이 나누어 담는 경우와 같이 전체를 똑같이 나누는(등분할) 경험을 하고 있습니다.

3학년 1학기에서의 분수는 이렇게 친숙한 일상생활 상황에서 전체가 1인 연속량을 똑같이 나누기, 즉 등분할의 개념을 이해하도록 가르칩니다.

연속량의 분수? 이산량의 분수?

3학년 1학기 6단원 '분수와 소수'에서도 분수를 배우지만 1학기에서 배우는 분수는 '빵 1개를 똑같이 2조각으로 나눈 것 중의 한 조각은 $\frac{1}{2}$입니다.'와 같이 나누는 대상이 1개, 즉 연속량의 분수입니다. 그런데 2학기에 나오는 분수는 '사탕 8개의 $\frac{3}{4}$은 몇 개입니까?'와 같이 나누는 대상이 여러 개, 즉 이산량의 분수입니다. 나누는 대상이 여러 개가 되면서 아이들이 어려워하기 시작하는 것이죠. 전체를 어떻게 똑같은 부분으로 묶는가에 따라 표현되는 분수가 달라지기 때문입니다.

예를 들어 사탕 12개를 3개씩 똑같이 묶으면 사탕 6개는 4묶음 중의 2묶음을 나타내므로 $\frac{2}{4}$로 표현되지만(그림 1), 사탕 12개를 6개씩 똑같이 묶으면 6개는 2묶음 중에 1묶음을 나타내므로 $\frac{1}{2}$로 표현됩니다(그림 2). 즉 같은 전체에 대하여 똑같은 양일지라도 똑같이 어떻게 묶는지(등분할)에 따라 표현되는 분수가 달라지지요.

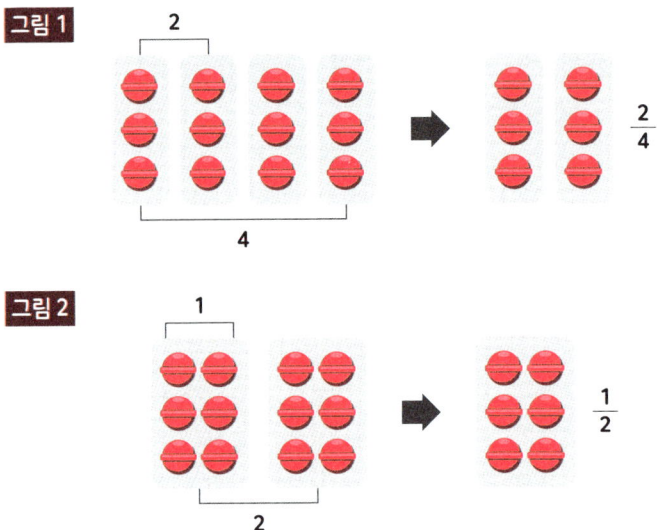

　3학년의 분수에서는 전체와 부분의 관계를 제대로 이해하고 넘어가는 것이 가장 중요합니다. 연속량의 분수의 의미를 처음 학습할 때 전체의 크기를 하나가 아니라 전체임을 정확히 이해시켜 주어야 이산량의 분수에서 어려워하는 것을 막을 수 있습니다. 나누는 대상이 1개인 연속량이든 나누는 대상이 여러 개인 이산량이든 상관없이 분수에서는 항상 제시된 모든 양을 전체(1)로, 똑같이 나누어진 양을 부분으로 보고 이 관계를 분수로 표현할 수 있도록 이해시켜 주는 것이 3학년 분수 개념에서 가장 중요합니다.

　3학년은 수학 학습에서 사칙연산을 완성하는 시기입니다. 모든 연산의 개념을 정확히 이해하고 탄탄한 연습이 뒷받침되도록 시간을 써야 할 학년인 것입니다. 또한 분수가 처음 나오는 학년으로 분수의 개

넘을 정확하게 이해하고 넘어가야 합니다. 3학년부터는 심화 문제가 본격적으로 어려워지기 시작하는 학년이므로 조금씩 심화 문제에도 익숙해질 수 있도록 연습을 시작하면 좋습니다.

> 💡 **구멍이 없는지 체크해 보세요!**
>
> ☐ 전체와 부분의 관계로서의 분수의 의미를 이해하고 있나요?
> ☐ 분모가 같은 진분수와 단위분수의 크기를 비교할 수 있나요?
> ☐ 이산량을 똑같이 나누어 보는 활동을 통해 전체에 대한 부분으로써의 분수의 의미를 이해하고 있나요?
> ☐ 전체에 대한 부분만큼은 얼마인지 구할 수 있나요?
> ☐ 여러 가지 분수의 종류(대분수, 가분수, 진분수)를 알고 있나요?
> ☐ 대분수를 가분수로, 가분수를 대분수로 나타낼 수 있나요?
> ☐ 분모가 같은 분수의 크기를 비교할 수 있나요?

4학년 수학
약점 단원 찾기

4학년 수학에서 가장 집중해야 할 부분

초등학교 4학년 수학부터 수포자가 나온다는 말을 들어봤나요? 도대체 4학년 수학부터 뭐가 다르기에 초등학교 수학에서 벌써 수포자라는 단어가 등장할까요? 3학년까지의 수학은 사실 연산 연습을 반복적으로 하면서 계산 실력만 키워도 어느 정도 문제를 해결할 수 있습니다. 곱셈구구를 암기하면 웬만한 곱셈 문제도 모두 해결할 수 있지요. 하지만 4학년 수학부터는 이야기가 달라집니다.

4학년은 그동안 겉으로 드러나지 않고 숨어 있던 구멍들이 하나둘 나타나기 시작하는 시기입니다. 단순 계산 연습이나 암기로 풀 수 있는 문제가 줄어들고 문제의 길이 또한 길어지는 학년입니다. 3학년 수학에서 2학기 분수의 개념을 이해하지 못하면 4학년에서 나오는 분수 계산의 원리와 개념은 전혀 이해하지 못한다고 해도 무방합니다.

4학년 수학에서는 아이들이 어려워하는 나눗셈, 분수 등의 개념이 심화되어 나오기 때문에 기본 개념을 이해하지 못한다면 문제를 해결하기 매우 어렵습니다. 하지만 다른 관점으로 보면 4학년 수학은 3학년 수학 과정까지 무사히 잘 마쳤다면 어렵지 않게 지나갈 수 있습니다.

4학년 수학 교과과정

단원	1학기	2학기
1단원	큰 수	분수의 덧셈과 뺄셈
2단원	각도	삼각형
3단원	곱셈과 나눗셈	소수의 덧셈과 뺄셈
4단원	평면도형의 이동	사각형
5단원	막대그래프	꺾은선그래프
6단원	규칙 찾기	다각형

4학년 수학 첫 번째 약점 단원 – 곱셈과 나눗셈

4학년 수학에서 아이들이 어려워하는 약점 단원 중 첫 번째 단원은 4학년 1학기 3단원 곱셈과 나눗셈입니다. 이 단원은 자연수의 곱셈과 나눗셈의 계산을 학습하는 마지막 단계입니다. 따라서 곱셈과 나눗셈의 계산 원리를 정확히 알고 개념을 이해하고 있어야 뒤에 나오는 소수의 곱셈과 나눗셈에서도 계산 원리를 일반화하여 적용할 수 있습니다. 특히 곱셈을 할 때 그 결과를 어림해 보는 연습을 통하여 결괏값을 어림해 보는 습관을 갖게 되면 나눗셈 계산에서 몫을 어림하는 데 아주 큰 도움이 되므로 곱셈의 결괏값을 어림해 보는 습관을 길러 주는 것이 좋습니다.

아이들이 특히 어려워하는 내용은 곱셈과 나눗셈 단원의 나눗셈 부분입니다. 3학년에서 (두 자리 수)÷(한 자리 수)의 계산, 즉 나누는 수가 한 자리 수인 나눗셈을 배웠다면 4학년에서 배우는 나눗셈은 나누는 수가 두 자리 수가 됩니다. 나누는 수가 두 자리 수인 나눗셈에서 아이들이 많이 하는 실수는 나눗셈을 세로셈으로 계산할 때 몫의 자리를 파악하여 몫의 첫 번째 수를 구하는 과정에서 나옵니다.

나눗셈을 세로셈으로 계산할 때 아이가 쓰는 숫자들이 어떻게 나왔는지, 그 숫자들이 실제로는 어떤 자릿값을 가지는지 파악하고 있어야 합니다. 나눗셈을 세로셈으로 바꿔 푼 풀이를 보고 "이 숫자는 왜 이 위치에 적었니?"라든지, "이 수의 크기는 실제로 어떤 값을 갖고 있을까?", "나머지인 이 수는 왜 더 계산하지 않고 남겨 둔 걸까?"와 같은 나눗셈의 핵심 요소들에 대한 질문들을 던져 보며 아이가 나눗셈 알고리즘을 정확하게 이해하고 있는지 확인해 보는 것이 필요합니다.

나눗셈 계산 알고리즘에서 각 수가 갖는 의미

```
        24  ← 20+4                          24
    28)685                              28)685
      560   ← 28×20            ➡          56
      125   ← 685-560                     125
      112   ← 28×4                        112
       13   ← 125-112                      13
```

> 💡 **구멍이 없는지 체크해 보세요!**

☐ 곱하는 수가 한 자리 수 또는 두 자리 수인 곱셈의 계산 원리를 이해하고 그 계산을 할 수 있나요?
☐ 나눗셈의 몫을 곱셈을 통해 구할 수 있고, 그 해결 방법을 설명할 수 있나요?
☐ 곱셈과 나눗셈의 계산 원리를 이해하고 설명할 수 있나요?
☐ 실생활 문제에서 곱셈 상황인지 나눗셈 상황인지 문제 상황에 적절한 연산을 선택하고 계산할 수 있나요?

4학년 수학 두 번째 약점 단원 – 평면도형의 이동

4학년 수학에서 아이들이 어려워하는 약점 단원 중 두 번째 단원은 4학년 1학기 4단원 평면도형의 이동입니다. 4학년 수학에서 도형이 차지하는 비중은 매우 큽니다. 4학년 12개 단원 중 5개 단원이 도형과 연관된 단원이기 때문이지요.

4학년은 중학교까지 이어지는 도형 학습의 기초를 다지는 시기입니다. 평면도형의 이동은 구체물이나 평면도형 모양을 밀고, 뒤집고, 돌리는 다양한 활동을 통해 평면 도형의 평행이동, 대칭이동, 회전이동과 같은 도형의 변화를 알아보는 단원입니다. 이는 5학년 때 배우는 '합동과 대칭'의 밑바탕이 되는 단원입니다.

아이들은 위치만 변하는 도형의 밀기는 아주 쉽게 이해하지만 모양이 변하는 뒤집기와 돌리기는 매우 낯설어하고 어려워합니다. 이때는 실제 구체물을 사용하거나 도형을 만들어 직접 뒤집어 보고, 돌려 보는 활동을 통해서 뒤집기와 돌리기의 변화 규칙을 찾아내고 익숙해질 수 있도록 도와주어야 합니다.

연산은 잘하면서도 도형 영역은 특히 어려워하는 아이들이 종종 있는데 도형 영역을 학습하는 가장 좋은 방법은 도형을 직접 만들거나 그려 보면서 익히는 것입니다. 밀고, 뒤집고, 돌리는 활동을 하기 전에 그 결과를 예상해 보고 실제로 도형을 움직여 본 다음에 자신의 예상이 맞는지 확인해 보는 공간 추론 활동을 반복적으로 해 주는 것이 좋습니다. 밀고, 뒤집고, 돌리는 등의 공간 추론이 어려운 아이들은 처음엔 투명 필름이나 비치는 종이 등과 같은 보조 도구에 직접 그림을 본떠서 평면도형을 이동해 보는 연습을 하고 조금씩 익숙해지면 점차 보조 도구 없이 공간 추론이 가능하도록 연습시켜 주는 것도 좋은 방법입니다.

> 💡 **구멍이 없는지 체크해 보세요!**
>
> ☐ 평면도형을 여러 방향으로 밀고, 뒤집고, 돌리는 활동에 따른 결과를 추론할 수 있나요?
> ☐ 밀기, 뒤집기, 돌리기를 한 도형을 보고 움직인 방법을 설명할 수 있나요?
> ☐ 평면도형의 이동을 활용하여 다양한 무늬를 만들고, 무늬를 만든 방법을 설명할 수 있나요?

4학년 수학 세 번째 약점 단원 – 분수의 덧셈과 뺄셈

4학년 수학에서 아이들이 어려워하는 약점 단원 중 세 번째 단원은 4학년 2학기 1단원 분수의 덧셈과 뺄셈입니다. 사실 이 단원은 아이들이 어려워한다기보다는 분수가 포함된 수의 연산을 처음으로 학습하는 단원이라 세 번째 약점 단원으로 뽑았습니다.

4학년 1학기 1단원인 '큰 수' 단원까지 마치면 아이들은 초등학교 입학 전부터 배워 온 자연수와 자연수의 사칙연산은 마무리 짓고 본격적으로 분수와 소수의 계산을 하게 됩니다. 분수의 덧셈과 뺄셈은 새로운 개념이 아니라 이미 학습한 자연수의 덧셈과 뺄셈 개념이 확장된 것이고, 4학년에서 나오는 분수의 덧셈과 뺄셈은 분모가 같은 수만 다루기 때문에 아이들이 크게 어려움을 겪지는 않습니다.

이 단원에서 분수의 덧셈과 뺄셈의 원리를 제대로 이해하지 못하고 넘어가면 이후에 학습하게 되는 분모가 다른 분수의 덧셈과 뺄셈, 분수의 곱셈과 나눗셈에서 어려움을 겪을 수 있습니다. 이 단원에서 배우는 대분수의 덧셈과 뺄셈을 하는 방법은 자연수끼리 더하거나 빼고, 분수 부분끼리 더하거나 빼는 방법과 대분수를 가분수로 바꾸어 계산하는 방법 2가지입니다.

5학년에서 학습하게 될 분모가 다른 분수의 덧셈과 뺄셈을 위해서 분수의 덧셈과 뺄셈의 계산 원리를 정확하게 이해하는 것뿐만 아니라 분수의 곱셈과 나눗셈에서는 대분수를 가분수로 고쳐서 계산하는 것이 필요합니다. 중학교 이후의 계산에서는 가분수의 계산을 주로 다루기 때문에 4학년의 분수의 덧셈과 뺄셈에서부터 두 대분수를 가분수로 고쳐 더하거나 빼는 방법에 익숙해질 수 있도록 연습해야 합니다.

💡 구멍이 없는지 체크해 보세요!

- ☐ 두 진분수의 합과 차를 구하는 원리와 형식을 이해하고 계산할 수 있나요?
- ☐ 분수 부분의 합이 1보다 큰 두 분수의 합을 구하는 원리와 형식을 이해하고 계산할 수 있나요?
- ☐ 분수 부분끼리 뺄 수 있는 두 분수와 분수 부분끼리 뺄 수 없는 두 분수의 뺄셈 계산 원리와 형식을 이해하고 계산할 수 있나요?
- ☐ 자연수와 분수의 뺄셈의 계산 원리와 형식을 이해하고 계산할 수 있나요?
- ☐ 실생활 상황을 분수의 덧셈과 뺄셈으로 나타낼 수 있나요?

4학년 수학 네 번째 약점 단원 – 소수의 덧셈과 뺄셈

4학년 수학에서 아이들이 어려워하는 약점 단원 중 네 번째 단원은 4학년 2학기 3단원 소수의 덧셈과 뺄셈입니다. 이 단원 역시 자연수의 덧셈과 뺄셈에서 학습한 동일한 원리를 이용하여 소수의 덧셈과 뺄셈을 학습하기 때문에 아이들이 어렵지 않게 소수의 덧셈과 뺄셈의 방법에 접근할 수 있습니다. 하지만 여러 가지로 중요한 의미가 있는 단원이기 때문에 네 번째 약점 단원으로 뽑았습니다. 4학년 때 철저하게 다지고 넘어가야 하는 단원이고 이 단원에서 주의해야 할 점은 다음과 같습니다.

첫째, 덧셈과 뺄셈의 계산 원리는 자연수의 덧셈과 뺄셈의 원리와 동일하지만 자연수와 소수의 공통점과 차이점은 분명하게 알고 있어야 합니다. 예를 들어 58이 6보다 더 크기 때문에 0.58이 0.6보다 크다고 생각하는 등의 오류를 범하지 않도록 소수의 정확한 개념 이해가 필요합니다.

둘째, 4학년 2학기 3단원 소수의 덧셈과 뺄셈 단원에서는 소수의 덧셈과 뺄셈에 앞서서 소수의 개념과 소수 사이의 관계를 다룹니다. 이 부분은 많은 아이가 특히 헷갈려하는 내용이기 때문에 자연수의 일, 십, 백, 천 사이의 관계를 이용하여 주어진 소수에 10배, 100배, 1000배 할 때 또는 자연수에 $\frac{1}{10}, \frac{1}{100}, \frac{1}{1000}$ 을 했을 때 계산 결과가 어떻게 달라지는지를 비교하여 소수점이 어떻게 변하는지, 소수의 크기가 어떻게 변하는지 등을 정확하게 이해하고 넘어가야 합니다.

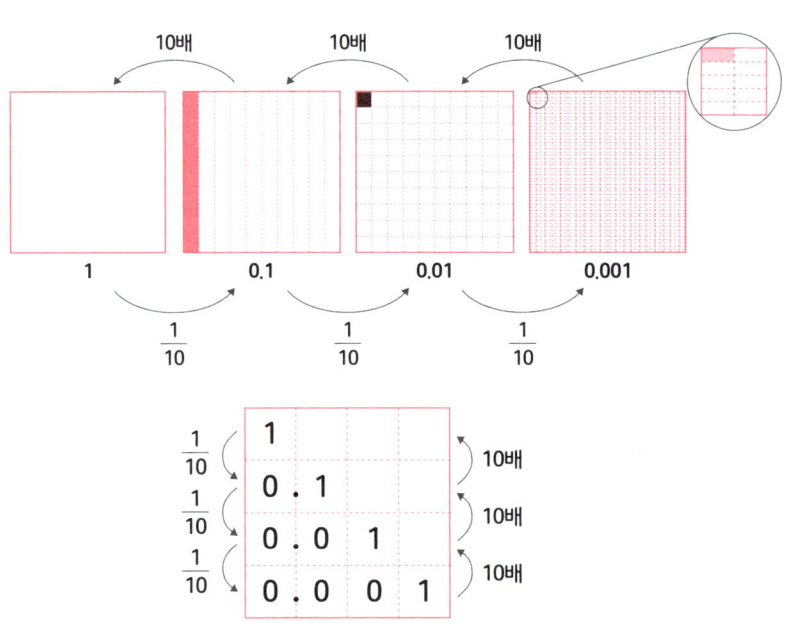

셋째, 소수의 덧셈과 뺄셈을 계산할 때 계산 결과를 어림하도록 하는 연습을 통해서 아이들이 자릿값을 고려하지 않고 기계적으로 덧셈과 뺄셈을 계산하며 발생하는 여러 가지 오류를 범하지 않도록 해 주는 것도 좋은 방법입니다.

4학년 수학은 도형 단원이 많은 비중을 차지합니다. 따라서 도형 단원에서 용어나 정의를 정확하게 배우고 익히는 것이 중요합니다. 또한 자연수를 모두 배우고 유리수인 분수와 소수로 수의 범위가 확장되는 의미 있는 학년이기 때문에 자연수에 대한 확실한 개념 다지기가 필요합니다. 자연수의 사칙연산 중 곱하기와 나누기의 개념을 정확히 알고 능숙하게 계산할 수 있는지 확인하고 넘어가야 할 학년이라는 것을 기억해 주세요.

💡 구멍이 없는지 체크해 보세요!

☐ 소수 두 자리 수와 소수 세 자리 수를 이해하고 있나요?
☐ 소수를 모눈종이, 수 모형, 수직선 등을 활용하여 표현할 수 있나요?
☐ 소수의 크기를 비교하는 방법을 알고 크기를 비교할 수 있나요?
☐ 소수 사이의 관계를 알고 있나요?
☐ 소수 한 자리 수와 소수 두 자리 수, 1보다 큰 소수 두 자리 수 범위의 덧셈과 뺄셈 계산 원리를 이해하고 계산할 수 있나요?

5학년 수학
약점 단원 찾기

5학년 수학에서 가장 집중해야 할 부분

4학년 수학부터 수포자라는 단어가 등장하지만 사실 아이들이 수학을 가장 어려워하는 학년은 5학년입니다. 5학년 수학에서 정말로 수포자가 등장하기도 합니다. 이렇게 되는 이유는 명확합니다. 5학년 수학이 가장 어렵기 때문입니다. 제가 가르칠 때도 아이들이 5학년 수학을 배울 때 가장 어려워하는 것을 옆에서 많이 지켜보았습니다. 특히 5학년 1학기에 배우는 모든 단원은 중학교 수학 내용과 밀접하게 연결되어 있기 때문에 5학년 수학은 약점 단원들뿐만 아니라 모든 단원을 꼼꼼하게 체크하고 넘어가야 합니다.

5학년 수학 교과과정

단원	1학기	2학기
1단원	자연수의 혼합 계산	수의 범위와 어림하기
2단원	약수와 배수	분수의 곱셈
3단원	규칙과 대응	합동과 대칭
4단원	약분과 통분	소수의 곱셈
5단원	분수의 덧셈과 뺄셈	직육면체
6단원	다각형의 둘레와 넓이	평균과 가능성

5학년 수학 첫 번째 약점 단원 – 자연수의 혼합 계산

5학년 수학에서 아이들이 어려워하는 약점 단원 중 첫 번째 단원은 5학년 1학기 1단원 자연수의 혼합 계산입니다. 이 단원은 교육과정이 개정되기 전에는 4학년에 있던 내용인데 2015 개정 교육과정 때 5학년으로 한 학년 올라왔습니다. 언뜻 보기에는 자연수의 사칙연산 계산 순서만 알면 어렵지 않게 넘길 수 있는 쉬운 단원처럼 보이지만 실제로 아이들이 많이 어려워하는 단원 중 하나입니다.

물론 직접 주어진 혼합 계산식만 순서에 맞게 계산하여 답을 구하는 건 어렵지 않게 해결할 수 있습니다. 하지만 실생활에서 나타나는 상황을 문장으로 구성해 놓은 문장제를 보고 직접 혼합 계산식을 세워야 하는 부분에서 아이들은 매우 힘들어합니다. 이럴 때는 교과서에서 제시하는 복잡한 혼합 계산식을 세워 해결해야 하는 문제들을 학습하기 전에 연산자가 2개인 간단한 식부터 세울 수 있는 상황을 제시하면서 단계적 연습을 하며 접근하는 방법을 추천합니다.

1단원에서 꼭 짚고 넘어가야 할 부분은 연산 순서에 대한 이해, 연산과 연산의 관계에 대한 논리적 이해, 연산이 적용되는 실생활 상황에 대한 폭넓은 이해입니다. 이 단원에서 학습한 혼합 계산은 중학교 과정에서 정수와 유리수의 사칙 계산과 혼합 계산으로 이어지기 때문에 여러 가지 혼합 계산에서 계산 순서를 정확히 알고 계산 순서를 달리하면 결과가 달라진다는 것을 알게 해 주어야 합니다.

> 💡 **구멍이 없는지 체크해 보세요!**
>
> ☐ 주어진 문제 상황에 어울리는 혼합 계산식을 만들고 계산 순서에 맞게 계산할 수 있나요?
> ☐ 괄호가 있는 식과 없는 식의 차이를 알고, 계산 순서를 비교할 수 있나요?
> ☐ 실생활 소재를 이용하여 주어진 혼합 계산식과 조건에 어울리는 문제를 만들고 계산 순서에 맞게 계산할 수 있나요?

5학년 수학 두 번째 약점 단원 – 약수와 배수

5학년 수학에서 아이들이 어려워하는 약점 단원 중 두 번째 단원은

1학기 2단원 약수와 배수입니다. 이 단원에서 아이들은 약수와 배수, 공약수와 최대공약수, 공배수와 최소공배수에 대해서 배우게 됩니다. 이 내용들은 뒤에 나오는 약분과 통분, 분수의 덧셈과 뺄셈, 분수의 곱셈 단원들과 같은 분모가 다른 분수 연산의 기초가 되는 매우 중요한 단원입니다.

오히려 이런 분모가 다른 분수의 계산 단원들은 2단원에서 배우는 내용들을 완벽히 이해하고 능숙한 계산이 가능하도록 연습되어 있으면 크게 어려워하지 않고 넘어갈 수 있습니다. 또한 이 단원에서 심화 문제까지 잘 다져 놓으면 중학교 1학년 1학기 수학을 매우 수월하게 진행할 수 있습니다. 5학년 1학기 때 풀었던 심화 문제들과 동일한 유형의 문제들이 중학교 1학년 1학기 교재에서 똑같이 나오는 걸 쉽게 찾아볼 수 있습니다.

2단원에서는 약수와 배수의 개념, 공약수와 최대공약수의 개념과 공약수와 최대공약수 사이의 관계, 공배수와 최소공배수의 개념과 공배수와 최소공배수 사이의 관계에 대한 정확한 이해가 필요합니다. 또 최대공약수와 최소공배수를 학습한 뒤에 일상생활에서 약수, 배수와 관련된 문제를 해결하고 그 해결 과정을 설명할 수 있어야 합니다. 다양한 최대공약수와 최소공배수의 활용 문제들을 접해 보고 직사각형, 정사각형 모양의 타일을 붙이는 문제, 톱니바퀴 문제, 같은 시각에 출발하는 버스 문제, 십간십이지 문제와 같은 최대공약수와 최소공배수를 활용하는 대표 유형 문제들에 익숙해질 수 있도록 연습이 필요합니다.

> 💡 **구멍이 없는지 체크해 보세요!**
>
> ☐ 약수와 배수를 구하는 방법을 알고 있나요?
> ☐ 주어진 수를 여러 수의 곱으로 나타내고 약수와 배수의 관계를 설명할 수 있나요?
> ☐ 두 수의 공약수와 최대공약수를 찾고 공약수와 최대공약수의 관계를 설명할 수 있나요?
> ☐ 두 수의 공배수와 최소공배수를 찾고 공배수와 최소공배수의 관계를 설명할 수 있나요?
> ☐ 최대공약수와 최소공배수를 구하는 여러 가지 방법을 알고 있나요?

5학년 수학 세 번째 약점 단원 – 다각형의 둘레와 넓이

✓

5학년 수학에서 아이들이 어려워하는 약점 단원 중 세 번째 단원은 1학기 6단원 다각형의 둘레와 넓이입니다. 이 단원은 이후 원의 둘레와 넓이 및 입체도형의 부피와 겉넓이 학습과 직접 연계되고 중학교 수학에도 다시 나오는 내용이기 때문에 구멍이 없도록 꼼꼼하게 다지고 넘어가야 합니다.

이 단원에서는 직사각형의 넓이를 구하는 방법을 기반으로 평행사변형, 삼각형, 마름모, 사다리꼴을 다양하게 변형하고 추론하여 넓이를 구하는 방법을 형식화합니다. 각 다각형의 둘레와 넓이 구하는 공식을 외우기 전에 왜 그러한 공식이 나오게 됐는지를 제대로 이해해야 합니다. 교과서에 각 다각형의 넓이 구하는 공식이 나오는 과정을 자세하게 다루고 있으니 교과서를 통한 개념 학습을 소홀히 하면 안 되는 단원입니다.

예) 삼각형 2개를 이용하여 삼각형의 넓이 구하는 방법 알아보기

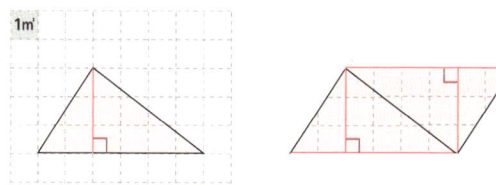

삼각형 2개를 붙여서 평행사변형을 만들어 평행사변형의 넓이를 구하고, 그 평행사변형의 넓이를 2로 나누면 삼각형 1개의 넓이가 됩니다.

(삼각형의 넓이) = (평행사변형의 넓이) ÷ 2
= (밑변의 길이) × (높이) ÷ 2

아이들은 삼각형의 넓이를 구할 때 높이가 삼각형의 외부에 있는 경우를 특히 헷갈려합니다. 그러므로 이런 경우를 한 번 더 짚어 주고, 다양한 삼각형의 넓이를 구해 보도록 하는 것이 큰 도움이 됩니다.

예) 높이가 삼각형의 외부에 있는 경우 삼각형의 넓이 구하기

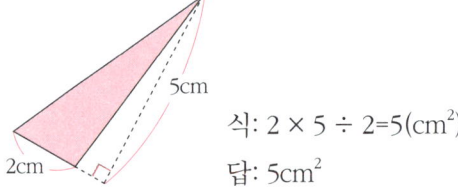

식: 2 × 5 ÷ 2 = 5(cm^2)

답: 5cm^2

> 💡 **구멍이 없는지 체크해 보세요!**
>
> ☐ 정다각형의 둘레를 구하는 방법을 알고 있나요?
> ☐ 넓이의 단위를 알고 일상생활에서 적절한 단위를 사용할 수 있나요?
> ☐ 다각형의 넓이를 구하기 위해 다른 도형으로 다양하게 바꿀 수 있나요?
> ☐ 다각형의 넓이를 구하는 방법을 알고 있나요?
> ☐ 다각형의 구성 요소를 이해하고 넓이와의 관계를 설명할 수 있나요?

5학년 수학 네 번째 약점 단원 – 수의 범위와 어림하기

5학년 수학에서 아이들이 어려워하는 약점 단원 중 네 번째 단원은 2학기 1단원 수의 범위와 어림하기입니다. 이 단원에서는 이상, 이하, 초과, 미만과 같은 수의 범위를 나타내는 용어와 올림, 버림, 반올림과 같이 수를 어림하는 용어를 배웁니다. 이상, 이하, 초과, 미만과 같은 수의 범위를 나타내는 내용은 각 용어의 개념을 정확하게 이해하고 수직선에 범위를 표현해 보는 연습을 통해 수의 범위에 대한 개념

을 익히게 해 주면 크게 어렵지 않게 이해할 수 있습니다.

그런데 아이들은 올림, 버림, 반올림과 같은 수를 어림하는 내용을 낯설어하고 어려워합니다. 올림, 버림, 반올림의 각 용어의 의미를 이해하고 수를 보고 어림하는 문제는 그나마 쉽게 해결하지만 어림한 값을 보고 거꾸로 어림이 가능한 수의 범위를 찾는 문제, 예를 들어 '반올림하여 백의 자리까지 나타내었을 때 7800이 되는 수의 범위 구하기' 등과 같은 문제는 매우 어려워합니다. 또한 어림하기는 기계적으로 올림, 버림, 반올림을 하기보다 그 의미를 알고 실생활에 활용하는 데 초점을 두고 공부해야 할 단원입니다.

특히 수의 범위를 다루는 내용이나 어림하는 방법은 초등 5학년 과정에서 딱 한 번 배운 것을 바탕으로 이후 중·고등 수학에서 문제의 조건으로 계속해서 다양하게 활용되는 내용이므로 반드시 5학년 때 정확하게 이해하고 넘어가야 합니다.

💡 구멍이 없는지 체크해 보세요!

- ☐ 이상과 이하의 뜻을 알고 이상과 이하의 범위에 있는 수를 알 수 있나요?
- ☐ 초과와 미만의 뜻을 알고 초과와 미만의 범위에 있는 수를 알 수 있나요?
- ☐ 수의 범위를 알고, 실생활 문제를 해결할 수 있나요?
- ☐ 올림과 버림, 반올림의 뜻을 알고, 어림수로 나타낼 수 있나요?
- ☐ 상황에 맞는 어림의 방법을 알고, 실생활 문제를 해결할 수 있나요?

5학년 수학 다섯 번째 약점 단원 – 합동과 대칭

✓

　5학년 수학에서 아이들이 어려워하는 약점 단원 중 다섯 번째 단원은 2학기 3단원 합동과 대칭입니다. 4학년 1학기 4단원 평면도형의 이동에서 구체물이나 평면도형을 밀고, 뒤집고, 돌리는 다양한 활동을 통해 평면도형의 평행이동, 대칭이동, 회전이동과 같은 도형의 변환에 대한 기초 개념을 형성했다면 이 단원에서는 도형을 직접 대 보고 겹쳐 보는 조작 활동을 통해 도형의 '합동' 개념과, 선대칭도형과 점대칭도형에서 '대칭'의 개념을 배우게 됩니다.

　대부분의 아이는 합동의 개념은 쉽게 받아들이지만 대칭의 개념을 어려워합니다. 그나마 선대칭도형은 어렵지 않게 이해하지만 점대칭도형의 개념과 성질은 매우 이해하기 힘들어합니다. 이때는 대칭의 중심으로부터 같은 거리에 있는 대응점을 찍고 대응점을 차례로 잇는 방법으로 실제로 점대칭도형을 직접 많이 그려 보면서 점대칭도형의 정의와 성질을 이해시켜 주는 것이 좋습니다.

　이 단원에서 학습하는 도형의 대칭은 이후 직육면체, 각기둥과 각뿔을 배우는 데 기본이 되는 학습 요소이므로 합동과 대칭의 개념과 원리, 선대칭도형과 점대칭도형의 의미, 대칭축, 대칭의 중심, 대응점, 대응변, 대응각의 의미를 정확하게 이해하고 이를 바탕으로 도형에 대한 기본 개념과 공간 감각이 잘 형성될 수 있도록 지도해 주는 게 꼭 필요합니다.

💡 구멍이 없는지 체크해 보세요!

☐ 합동인 도형을 이해하고, 찾고, 만들 수 있나요?
☐ 합동인 두 도형에서 대응점, 대응변, 대응각을 이해하고 그 성질을 알고 있나요?
☐ 선대칭도형의 개념을 이해하고 있나요?
☐ 선대칭도형의 성질을 알고 그릴 수 있나요?
☐ 점대칭도형의 개념을 이해하고 있나요?
☐ 점대칭도형의 성질을 알고 그릴 수 있나요?
☐ 선대칭도형과 점대칭도형을 이용하여 여러 가지 문제를 해결할 수 있나요?

6학년 수학
약점 단원 찾기

6학년 수학에서 가장 집중해야 할 부분

  6학년 수학은 초등학교에서 가장 높은 학년이 배우는 수학이긴 하지만 5학년 수학을 탄탄하게 다지고 넘어 왔다면 5학년 수학에 비해 크게 어렵지 않게 느끼며 넘어갈 수 있습니다. 실제로 예전 교육과정에서 6학년에 있던 방정식과 함수 내용은 교육과정이 바뀌면서 중학교 단원으로 옮겨 가 6학년 수학 내용이 조금 가벼워졌습니다. 하지만 초등 수학에서 가장 마지막 학년의 수학이므로 꼼꼼하고 탄탄하게 다지고 넘어가야 한다는 사실은 잊지 말아야 합니다.

6학년 수학 교과과정

단원	1학기	2학기
1단원	분수의 나눗셈	분수의 나눗셈
2단원	각기둥과 각뿔	소수의 나눗셈
3단원	소수의 나눗셈	공간과 입체
4단원	비와 비율	비례식과 비례배분
5단원	여러 가지 그래프	원의 넓이
6단원	직육면체의 부피와 겉넓이	원기둥, 원뿔, 구

6학년 수학 첫 번째 약점 단원 – 분수의 나눗셈

 6학년 수학에서 아이들이 어려워하는 약점 단원 중 첫 번째 단원은 6학년 1학기 1단원과 6학년 2학기 1단원에서 나오는 분수의 나눗셈입니다. 1학기에 나오는 분수의 나눗셈은 분수와 자연수의 나눗셈이고, 2학기에 나오는 분수의 나눗셈은 분수와 분수의 나눗셈입니다.

 분수의 계산 자체로만 보면 크게 어렵지 않은 내용이라고 생각할 수 있지만 분수의 나눗셈의 계산 원리를 정확하게 알고 넘어가야 하는 매우 중요한 단원입니다. 또한 분수의 나눗셈은 중학교에서 학습하게 될 유리수, 유리수의 계산, 문자와 식을 학습하는 데 기초가 되는 중요한 단원입니다.

분수의 나눗셈의 원리는 포함제 나눗셈의 개념으로 접근한다

분수의 나눗셈의 원리를 이해시킬 때는 등분제 나눗셈의 개념보다는 포함제 나눗셈의 개념으로 (분수)÷(분수)를 접근할 수 있도록 하는 것이 분수의 나눗셈의 의미를 이해하는 데 도움이 됩니다.

'설탕 $\frac{4}{5}$kg을 유리병에 $\frac{1}{5}$kg씩 나누어 담으려고 합니다. 몇 개의 유리병에 담을 수 있을까요?'와 같은 문제 상황은 동수누감에 의한 포함제 나눗셈 상황입니다. 이런 경우 나누는 수인 $\frac{1}{5}$을 $\frac{4}{5}$에서 반복해서 빼어 문제를 해결할 수 있고 이러한 과정을 통해서 '분모가 같은 (분수)÷(분수)는 분자끼리 나누어 계산할 수 있다.'는 결론까지 도출할 수 있습니다. 단순한 나눗셈 계산식의 답을 구한다고 분수의 나눗셈을 완벽하게 이해하고 있는 것이 아닐 수 있으므로 이러한 방법으로 분수의 나눗셈의 계산 원리를 이해시키는 것이 중요합니다.

$$\frac{4}{5} - \frac{1}{5} - \frac{1}{5} - \frac{1}{5} - \frac{1}{5} = 0$$

4번

$$\frac{4}{5} \div \frac{1}{5} = 4 \div 1 = 4$$

나눗셈을 하면 무조건 결과가 작아진다?

'나눗셈을 하면 무조건 결과가 작아진다.'라는 잘못된 개념을 바로잡아 주세요. 분수의 나눗셈을 학습할 때 나누는 수가 1보다 작은 경우의 나눗셈 결과를 확인하게 하여 나누는 수가 1보다 작은 경우에는 나눗셈의 계산 결과가 나누기 전보다 커진다는 사실을 확인시켜 주는 것이 좋습니다.

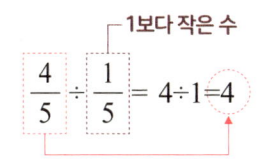

 흔히들 분수와 분수의 나눗셈을 생각할 때 '나누는 수인 분수를 역수를 취하고 나누기를 곱하기로 바꾸어 계산하면 된다.'라고 공식처럼 생각하여 계산합니다. 하지만 왜 이런 과정이 나왔는지 분수의 나눗셈의 계산 원리를 정확히 알고 넘어가야 합니다. 자연수의 나눗셈의 의미를 바탕으로 분수의 나눗셈에서 나눗셈의 의미와 분수의 개념을 파악하고 그 이후에 충분히 계산을 연습하는 과정이 필요합니다.

💡 구멍이 없는지 체크해 보세요!

☐ 분수의 나눗셈의 계산 원리를 이해하고 계산 방법을 설명할 수 있나요?
☐ 분수의 나눗셈을 그림이나 수직선을 통해 나타낼 수 있나요?
☐ 분수의 나눗셈을 설명하기 위해 문제에서 필요한 정보를 찾아낼 수 있나요?
☐ 실생활 상황을 나타낸 문장제를 분수의 나눗셈으로 식을 세워 문제를 해결할 수 있나요?

6학년 수학 두 번째 약점 단원 – 비와 비율

　6학년 수학에서 아이들이 어려워하는 약점 단원 중 두 번째 단원은 6학년 1학기 4단원 비와 비율입니다. 비와 비율은 우리가 물건을 살 때 물건의 가격 비교, 요리를 할 때 요리 재료의 비율 등 실제로 우리 생활과 밀접하게 연관되어 있기 때문에 아이들이 이미 비형식적인 지식을 가지고 있습니다. 따라서 일상생활의 상황을 이용하여 개념을 형성할 수 있도록 해 주면 좀 더 쉽게 접근할 수 있습니다. 실생활과 밀접하게 연관된 내용인 만큼 아이들이 꼼꼼하게 이해하고 넘어가게 해 주어야 합니다.

비와 비율

　비와 비율 단원에서는 두 양의 크기를 비교하는 상황에서 비의 개념을 이해하고 그 관계를 비로 나타내는 것, 비율을 이해하고 비율을 분수, 소수, 백분율로 나타내는 내용에 대해 학습합니다. 이자율, 할인율, 인구밀도(넓이에 대한 인구의 비), 소금물의 농도, 타율 등 우리 실생활에서 사용되는 비율과 백분율에 관련한 문제들은 중등 수학에서도 매우 많이 다루는 문제들이기 때문에 6학년 수학에서 이러한 활용 문제들까지 탄탄하게 다지고 넘어가기를 추천합니다.

비의 4가지 표현 방법

비와 비율에서 가장 중요한 것은 비와 비율의 의미를 정확히 이해하고, 비의 4가지 표현 방법을 정확히 기억해야 합니다.

예)

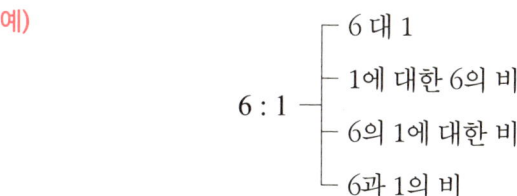

비율은 비의 값을 뜻하기 때문에 비의 정의를 정확히 알고 있어야 비율을 구할 수 있습니다. 기준량과 비교하는 양에 대한 이해를 바탕으로 비율의 개념을 이해시켜야 합니다. 초등 수학 과정에서 배우는 비와 비율의 개념은 이후 중학교의 함수 및 확률과 통계 학습뿐만 아니라 우리 생활과 직간접적으로 연결되므로 비와 비율에 대한 정확한 이해가 필요합니다.

> 💡 **구멍이 없는지 체크해 보세요!**
>
> ☐ 비의 뜻을 이해하고, 비의 기호를 사용하여 나타낼 수 있나요?
> ☐ 비율의 뜻을 이해하고, 비율을 분수와 소수로 나타낼 수 있나요?
> ☐ 백분율의 뜻을 이해하고, 비율을 백분율로 나타낼 수 있나요?
> ☐ 실생활에서 사용되는 여러 가지 비율을 이해하고 문제를 해결할 수 있나요?

6학년 수학 세 번째 약점 단원 – 비례식과 비례배분

　6학년 수학에서 아이들이 어려워하는 약점 단원 중 세 번째 단원은 6학기 2학기 4단원 비례식과 비례배분입니다. 이 단원은 초등 수학에서 다루는 비와 관련된 주제 중 1학기의 비와 비율에 이어 2학기에서 비례식과 비례배분을 다루는 단원입니다. 알고리즘에 의한 형식적 계산이 아니라 비례 추론을 바탕으로 하는 사고력의 확장에 집중하는 학습법이 필요합니다.

비례식과 비례배분

　2학기에는 1학기에 배운 비와 비율의 개념을 바탕으로 비의 성질을 알고, 비례식을 세우고, 주어진 비로 전체의 양을 나누는 비례배분에 대해서 배우게 됩니다. 이때 중요한 건 단순히 아이들이 비의 성질이나 비례식의 성질, 비례배분하는 공식을 암기하여 문제를 해결하는 것이 아니라 비율이 같은 두 비를 비교하는 과정에서 자연스럽게 비의 성질과 비례식의 성질을 이해하고 비례배분의 의미도 파악할 수 있도록 해 주어야 합니다.

　비례식과 비례배분에 대한 정의와 내용은 초등학교에서만 배우고 끝이 나지만 중등 수학의 문제 풀이(방정식의 활용)에 매우 많이 사용하는 성질이기 때문에 6학년 과정에서 배울 때 그 개념과 성질을 정확하게 이해하고 넘어가야 합니다.

중학교 과정에서 여러 가지 방정식의 활용 문제들을 비례식으로 세워 해를 구하는 것이 가능하므로 문장제를 읽고 비례식을 세우는 방법을 익숙하게 연습해 두면 중등 수학에서 큰 도움을 받을 수 있습니다. 특히 비례식의 성질을 이용하여 속도나 거리를 측정하는 문제들이나 지도의 축척 문제 등처럼 자주 나오는 문제 유형들은 정확하게 해결하고 넘어갈 수 있도록 지도해 주세요.

비례배분은 시각적 표현을 활용한다

어떤 양을 주어진 비로 나누는 비례배분을 할 때 아이들은 전체를 주어진 비로 나누는 과정을 알고리즘에 의해 형식적으로 계산하는 경우가 많습니다. 그러나 이렇게 비례배분에 대해 정확하게 이해하지 않은 채 형식적으로 단순 계산만 하지 않도록 수직선, 테이프, 그림, 표 등 다양한 시각적 표현을 활용하여 비례배분의 의미를 이해시켜 주는 방법이 좋습니다. 실제로 교과서에서는 다음과 같은 방법으로 그림과 수직선을 이용하여 비례배분하는 활동을 설명하고 있습니다.

비례배분을 그림으로 알아보는 경우 6개, 4개를 한꺼번에 묶어 보거나 하나씩 나누면서 배분하는 2가지 방법으로 나타낼 수 있습니다.

예) 쿠키 10개를 3:2로 비례배분하기

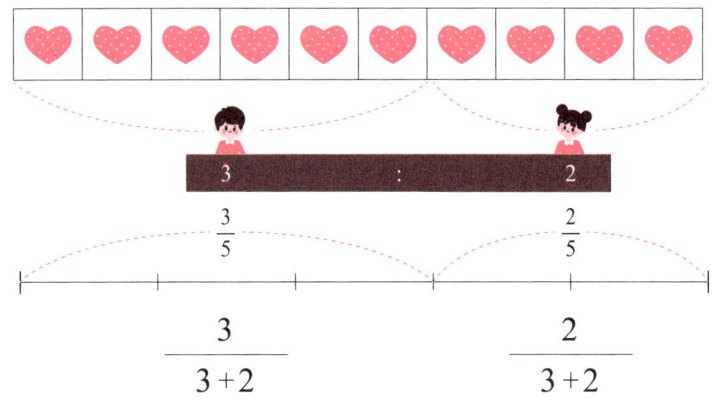

💡 구멍이 없는지 체크해 보세요!

☐ 비의 성질을 이해하고 주어진 비를 간단한 자연수의 비로 나타낼 수 있나요?
☐ 비례식을 이해하고 비율이 같은 두 비를 비례식으로 나타낼 수 있나요?
☐ 비례배분을 이해하고 주어진 양으로 비례배분할 수 있나요?
☐ 실생활에서 사용되는 비례식과 비례배분에 대한 문제를 해결할 수 있나요?

5장

초등 수학 문제집 파헤쳐 보기

문제집은 신데렐라의 구두처럼 딱 맞게 찾아라

01

문제집이 신발과 같다고?

"문제집은 신발과 같다. 아이의 수준과 성향에 따라서 내 아이에게 딱 맞춰 학습해야 할 문제집은 따로 있다."

수학 학습에서 가장 중요한 교재는 교과서라고 하지만 사실 교과서 하나만 가지고 수학 학습을 하기에는 무리가 있습니다. 초등 수학 교재를 개발하는 일을 할 때에도, 목동에서 아이들을 가르칠 때에도 지금까지 제가 가장 많은 질문을 받는 것은 "수학 문제집 뭐가 좋아요?",

"수학 문제집 추천 좀 해 주세요."입니다. 문제집에 좀 더 관심이 있다거나 정보가 조금이라도 있는 분의 질문도 별반 다르지 않습니다. "옆집 아이는 ○○문제집 풀던 데 그 문제집 좋아요?", "○○이는 최상위 문제집 풀던데 우리 아이도 풀릴까요?" 등의 질문을 합니다.

그런데 사실 이런 질문에 21년차 수학 교재 개발자인 저도 선뜻 답을 해 줄 수가 없습니다. 왜냐하면 문제집은 아이들에게 딱 맞춰 신겨야 할 신발과 같은 것이라고 할 수 있기 때문이에요.

신발은 아이의 발 사이즈에 따라 딱 맞게 맞춰 신어야 편하게 활동을 할 수 있습니다. 신발이 너무 작거나 커서 아이의 발에 맞지 않으면 제아무리 비싸고 좋은 신발을 신었다 한들 좋은 신발로서의 기능을 할 수 없습니다. 이처럼 아무리 주변에서 좋은 문제집이라고 추천을 하고 대표적인 교재 출판사에서 만든 가장 많이 팔리는 문제집이라고 해도 아이의 수준과 상황에 맞지 않으면 좋은 문제집으로서의 기능을 할 수 없습니다.

내 아이에게
딱 맞는 교과 문제집 찾기

내 아이에게 딱 맞는 문제집을 고르려면?

내 아이에게 딱 맞는 문제집을 고르기에 앞서 가장 중요한 것은 내 아이의 성향과 수준을 파악하는 것입니다. 지금부터 내 아이에게 딱 맞는 초등학교 수학 교과 문제집의 선택 요령을 알려 드리겠습니다. 수학 교과 문제집은 교재의 성질이나 난이도에 따라 크게 다음과 같이 나누었습니다.

    요즘은 기본 교재와 응용 교재를 한꺼번에 묶어서 한 권으로 학습할 수 있도록 '기본+응용'의 타이틀을 달고 나오는 교재 라인업도 있긴 하지만 제 분류에서는 뺐습니다. 기본개념 학습부터 필요한 친구들은 개념에 충실한 개념서 한 권을 완벽하게 끝내고 응용서로 넘어가는 것을 추천합니다. 또 교과서나 학교 수업으로 개념이 탄탄하게 다져져 개념서가 불필요한 경우는 응용 문제를 좀 더 많이 연습할 수 있는 응용서나 문제 유형서로 바로 넘어가는 방법이 좀 더 효과적입니다.

    두 마리 토끼를 한 번에 잡고 싶은 욕심에 아직 교과 개념이 완벽하지 않은 아이에게 '기본+응용' 교재를 풀게 하면 뒷부분에 나오는 어려운 응용 문제에 당황해하고 힘들어할 수 있고, 이미 교과 개념이 다져져 있는 아이에게 '기본+응용' 교재를 풀게 하면 기본 유형의 문제들은 쉬워서 불필요한 시간을 소모할 수 있다는 단점이 있습니다.

내 아이에겐 어떤 교과 문제집이 딱 맞을까?

다음은 대표적인 교재 출판사에서 나오는 초등 수학 교과 문제집들을 종류별, 난이도별로 분류한 것입니다. 제가 사용해 본 교재들 위주로 정리했습니다.

종류별·난이도별 수학 교과 문제집

난이도 출판사	기본 개념서		응용서	문제 유형서		준심화서	심화서	경시문제집	
	레벨 1	레벨 2	레벨 3~4	레벨 3	레벨 4	레벨 5	레벨 6	레벨 7	레벨 8
디딤돌	원리편	기본편	응용편	초등 수학 문제유형		최상위 초등수학 S	최상위 초등수학	최상위 사고력	3% 디딤돌 초등수학 올림피아드
동아출판		큐브 수학 개념	큐브 수학 실력			큐브 수학 심화			
좋은책 신사고	개념쎈	우공비			쎈		최상위 쎈		
비상 교육		개념+유형 라이트	개념+유형 파워				개념+유형 최상위 탑		
천재 교육	수학리더 개념	수학리더 기본	수학리더 응용 심화		응용 해결의 법칙		최고 수준		최강 TOT
에듀왕	왕수학 개념+연산	왕수학 기본편	왕수학 실력편				점프 왕수학	응용 왕수학	올림피아드 왕수학
EBS		만점왕	만점왕 플러스			만점왕 수학 고난도			

204

교과 문제집은 난이도에 따라 레벨 1부터 레벨 8까지 나누었습니다. 레벨 2의 기본 개념서는 수학 교과서와 수학 익힘책의 난이도와 비슷한 난이도입니다. 레벨 2를 기준으로 난이도를 참고해 주세요.

기본 개념서 선택 시 유의사항

기본 개념서는 교과서 중심으로 개념 학습에 충실하게 만들어진 교재로 난이도는 수학 교과서와 수학 익힘책 수준을 크게 뛰어넘지 않는 교재입니다. 기본 개념서를 선택할 때 주의해서 살펴봐야 할 점은 교과서에서 다루는 각 차시의 개념 내용을 이해하기 쉽게 설명해 놓았는지와 개념의 분량이 충분하게 구성되었는지입니다.

보통 대형 출판사에서 나오는 대표 개념서들은 대부분 교과서에서 다루는 개념들을 자세하고 친절하게 설명해 줍니다. 하지만 간혹 학원에서 강의 교재를 목적으로 만든 학원용 교재들도 시중 서점에 섞여 있습니다. 이런 강의용 교재들은 선생님의 강의가 추가되는 교재이므로 수업의 편의를 위해서 개념 설명을 간략하게 다루기도 합니다. 그러므로 기본 개념서를 고를 때에는 직접 꼼꼼하게 개념 부분을 살펴보고 선택하는 방법을 추천합니다.

진주쌤 추천 기본 개념서의 개념 분량과 난이도

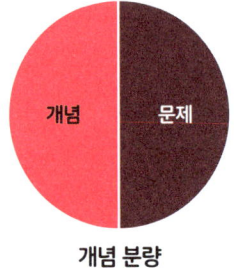

개념 분량

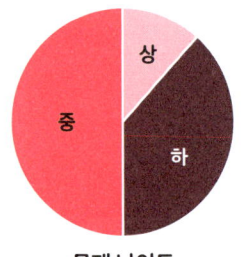

문제 난이도

진주쌤 추천 기본 개념서

『EBS 만점왕 초등수학』, 한국교육방송공사

 교과서의 개념이 충분한 분량으로 자세하게 설명되어 있고 무료 강의가 제공됩니다. 학원에 다니지 않아도 집에서 온라인 강의를 통해 수월하게 교과 개념을 배울 수 있습니다.

『큐브 수학 개념』, 동아출판

 교과서의 개념이 충분한 분량으로 자세하게 설명되어 있고 개념 동영상도 제공합니다. 매칭북에서 기초 연산 학습지를 제공하고 있어서 따로 연산 교재를 추가하여 풀지 않아도 기본 개념서만으로 필요한 연산 학습을 함께 할 수 있습니다.

기본 개념서는 어떤 아이가 언제 쓰면 좋은가?

학기 중에 교과서 이외의 개념 공부 복습 및 학교 단원 평가 대비 목적으로, 또는 방학 중에 다음 학기 예습용으로 기본 개념서를 선택할 수 있습니다. 아이가 수학 교과서나 수학 익힘책의 문제에 어려움을 겪거나 부담 없이 문제집 한 권을 빨리 끝내서 아이에게 성취감을 맛보게 해 주고 싶다면 기본 개념서의 레벨 1 교재부터 선택해서 풀게 합니다.

  수학 교과서나 수학 익힘책의 문제에 큰 어려움을 겪지 않는다면 레벨 2 교재 중에서 아이의 취향에 맞는 교재를 스스로 선택하게 해 줍니다. 레벨 2의 기본 개념서로 학습할 경우 정답률이 70~80% 이상은 나와야 아이 수준에 적당한 교재이므로 만약 정답률이 70% 이상이 되지 않는다면 레벨 2에 앞서 레벨 1의 기본 개념서를 먼저 학습하기를 추천합니다.

응용서 선택 시 유의사항

  응용서는 기본 개념서보다 난이도가 높은 교재로 일반적으로 기본 개념서보다는 교과 개념을 간략하게 다루고, 문제 수준은 교과서와 익힘책 유형을 일부 포함하여 그 이상 난이도의 문제들까지 다룹니다. 출판사별로 구성이 약간씩 다르지만 보통 해당 단원에서 다루어야 할 대표적인 응용 문제들을 유형별로 선별하여 유형명과 함께 제시하고, 동일한 문제 유형을 2~3문항씩 반복하여 연습할 수 있도록 구성한 교재가 많습니다.

아이의 수준에 따라 기본 개념서를 생략하고 바로 응용서로 교과 개념을 나가는 경우도 많으므로 응용서를 선택할 때 교과 개념을 충실하게 다루고 있는 교재인지 따져 보는 것이 좋습니다. 응용서에서 대표 유형으로 다루는 문제 유형들을 아이가 처음 접하는 경우라면

진주쌤 추천 응용서

『디딤돌 초등수학 응용편』, 디딤돌교육(학습)

추천이유: 기본에서 응용으로, 응용에서 최상위로 연결할 수 있는 난이도의 유형 문제들을 잘 선별해 놓았습니다.

『큐브 수학 실력』, 동아출판

추천이유: 진도북의 응용 문제들을 매칭북에서 1:1로 복습할 수 있도록 구성하여 틀린 문제를 연습하기에 좋습니다. 진도북에서 서술형을 3단계에 나눠서 연습해 볼 수 있게 되어 있고, 매칭북에서 다시 테스트해 볼 수 있게 되어 있어서 서술형 문제를 연습하기 좋습니다.

그 문제들이 매우 낯설 수 있으므로 본문이나 부록에서 동일 유형을 다시 확인할 수 있도록 차시가 구성되었는지도 꼼꼼하게 따져 보는 게 좋습니다.

응용서는 어떤 아이가 언제 쓰면 좋은가?

학기 중에 개념서를 끝낸 후 좀 더 난이도 있는 응용 문제들을 풀면서 다지기용으로 한 권 더 풀 때, 또는 방학 중에 다음 학기 예습 또는 지난 학기 복습용으로 응용서를 선택할 수 있습니다. 많은 아이가 두 번째 교재로 응용서를 풀지만 기본 개념서를 생략하고 응용서를 첫 번째 교재로 선택하여 개념서의 역할로 사용하는 경우도 적지 않습니다.

아이가 교과서나 익힘책 문제 유형에 능숙하고 개념 이해도가 높다면 응용서로 개념 학습을 해도 크게 문제되지는 않습니다. 단 응용서로 학습했을 때 아이의 정답률이 70~80% 이상은 나와야 아이 수준에 적당한 교재이므로 정답률이 70% 이상이 되지 않는다면 응용서에 앞서 기본 개념서로 학습하는 것을 추천합니다.

문제 유형서 선택 시 유의사항

문제 유형서는 초등 수학 해당 학년에서 다루어야 하는 다양한 문제를 유형별로 분류하고 정리하여 문제 연습을 충분히 할 수 있도록 구성한 교재입니다. 한 단원의 교과 개념을 간단히 확인하고 난이도에 따른 유형별 문제를 연습하기 좋습니다. 문제 유형서를 선택할 때 교과서와 익힘책의 모든 유형뿐 아니라 학생들이 실수로 자주 틀리는 유형부터 시험에 잘 나오는 응용 유형까지 해당 학년 학기에서 다루어야 할 필수 유형의 문제들을 빠짐없이 잘 다루고 있는지가 중요합니다.

문제 유형서는 기본 개념서나 응용서에 비해서 문제량이 많고 비슷한 유형을 집중적으로 학습할 수 있으므로 필요에 따라서는 굳이 교재에 있는 문제를 모두 다 풀지 않고 기본 개념서 또는 응용서에서 반복적으로 틀리는 유형이나 아이가 특히 어려워하는 유형만 골라서 학습하는 방법으로 활용해도 됩니다. 따라서 아이의 학습량이나 수준을 잘 파악하여 문제 유형서의 유형명이 알아보기 쉽게 표현된 교재를 선택하는 것이 좋습니다.

문제 유형서는 어떤 아이가 언제 쓰면 좋은가?

기본 개념서와 응용서를 끝낸 후에 준심화나 심화 교재로 넘어가는 데 난이도 차이가 큽니다. 문제 유형서는 이때 중간 메우기가 필요한 아이들이 시기에 상관없이 사용하기 좋은 교재입니다. 또는 기본 개념서를 생략하고 응용서로 개념 학습을 했지만 좀 더 다양한 문제 유형을 익히고 싶을 때 아이의 수준에 맞춰 연습하는 용도로 사용해도 좋습니다. 한 가지 유의할 점은 문제 유형서는 기본 개념서나 응용서

진주쌤 추천 문제 유형서의 개념 분량과 난이도

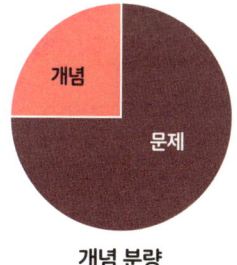

개념 분량

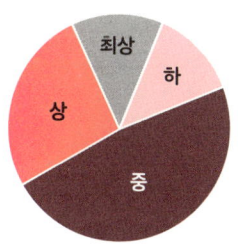

문제 난이도

진주쌤 추천 문제 유형서

『쎈』, 좋은책신사고

추천
이유

교과서와 익힘책 수준의 문제부터 경시대회 기출 문제까지 다양한 난이도의 문제가 한 권에 총망라되어 있어서 문항 수가 많고 교재의 단계별 난이도 차이가 큽니다. 하지만 문항별로 난이도 표시가 자세히 되어 있고, 단계별 난이도도 정확히 구별되어 있어서 필요한 유형별로 충분한 문제 연습을 할 수 있습니다.

『초등수학 문제유형』, 디딤돌교육(학습)

추천
이유

난이도가 높은 응용 문제 유형뿐 아니라 교과서나 익힘책 수준에서 잘 틀리는 것들을 따로 구성해 놓아서 잘 틀리는 문제 유형만 반복해서 연습하기 좋습니다.

에 비해 교과 개념 설명이 적고 자세하지 않으므로 개념 학습이 완벽하게 되지 않은 아이의 첫 번째 교재로는 적당하지 않습니다.

초등 수학은 개념 학습이 중요합니다. 하지만 개념 학습을 하다가 아이가 어려워하거나 틀린 문제가 있을 때는 틀린 문제와 같은 유형의 문제를 반복하여 풀게 해서 틀린 유형을 확실히 익히고 넘어갈 수 있도록 해 주는 유형 학습법도 경우에 따라서는 실력 향상에 도움이 됩니다.

준심화서, 심화서 선택 시 유의사항

준심화서나 심화서는 개념 학습이 탄탄하게 되어 있는 아이들이 교과서 수준의 난이도를 넘어 다양한 심화 문제를 접하기 위해 선택하는 교재입니다. 그래서 개념 설명 부분이 기본 교과 개념 위주가 아닌 핵심 교과 개념에서 파생되어 연계되는 상위 개념들 위주로 정리되어 있습니다. 교재에 따라서는 대표 심화 문제들을 풀기 위한 문제 유형별 개념 정리로 구성되어 있거나, 중등에서 나오는 중등 연계 개념 정리를 담은 것도 있습니다.

심화 교재로 디딤돌교육(학습)에서 나온 『최상위 초등수학』을 많이 알고 있지만 다른 출판사에서도 『최상위 초등수학』과 비슷한 난이도의 심화 교재가 많이 나와 있습니다. 앞에서 제시한 표를 참고하여 다양한 심화서를 선택하여 학습하기를 추천합니다.

준심화서로 분류한 『최상위 초등수학 S』 교재의 경우 『최상위 초등수학』보다 뒤에 나온 교재로 흔히 『최상위 초등수학』보다 쉬운 준심화

준심화서, 심화서 개념 예시

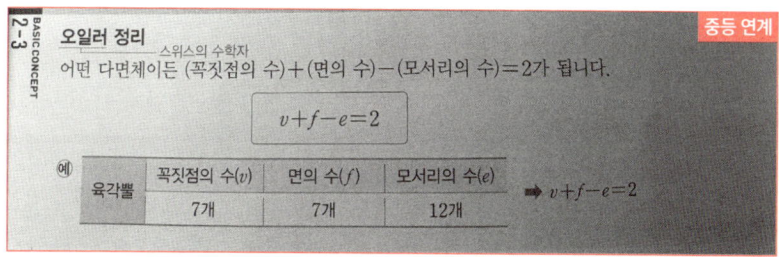

『최상위 초등수학 S 6-1』, 디딤돌교육(학습)

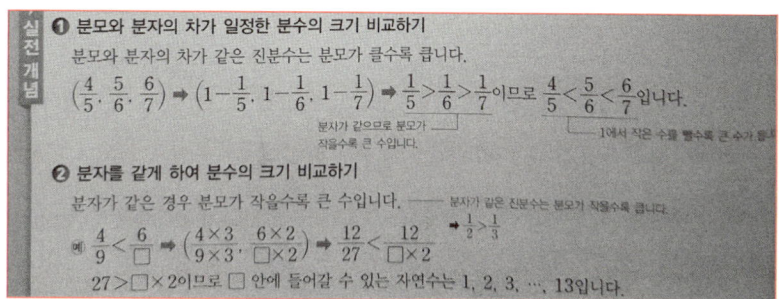

『최상위 초등수학 5-1』, 디딤돌교육(학습)

서 정도로 인식하고 있습니다. 하지만 교재 구성을 살펴보면『최상위 초등수학』의 하이레벨 단계 난이도의 일부 문제들만 빠져 있을 뿐 대부분의 심화 문제 유형을 다루고 있습니다. 특히 심화 유형을 여러 번 반복 학습할 수 있도록 유형별로 구성하여 실제로 다루어야 할 심화 문제 수는『최상위 초등수학 S』가 더 많다고 느낄 수도 있습니다. 이러한 이유로『최상위 초등수학』보다 더 어렵다고 느끼는 아이도 있습니다.

아이의 성향과 수준에 맞게 적절한 교재 선택이 중요합니다. 첫 심화 교재로 레벨 6의 심화서가 부담스럽다면 레벨 5의 준심화서로 먼저 대표 심화 유형 문제들을 접하는 것이 좋습니다. 준심화서를 마친 후 레벨 6의 심화서로 넘어가면 아이가 심화 문제들을 조금은 덜 낯설게 받아들일 수 있습니다. 심화 학습은 문제를 단기간에 빨리 풀어 끝내려는 생각보다는 충분한 시간을 투자하여 아이의 문제해결력을 키워 주는 데 중점을 두고 공부하는 것이 좋습니다.

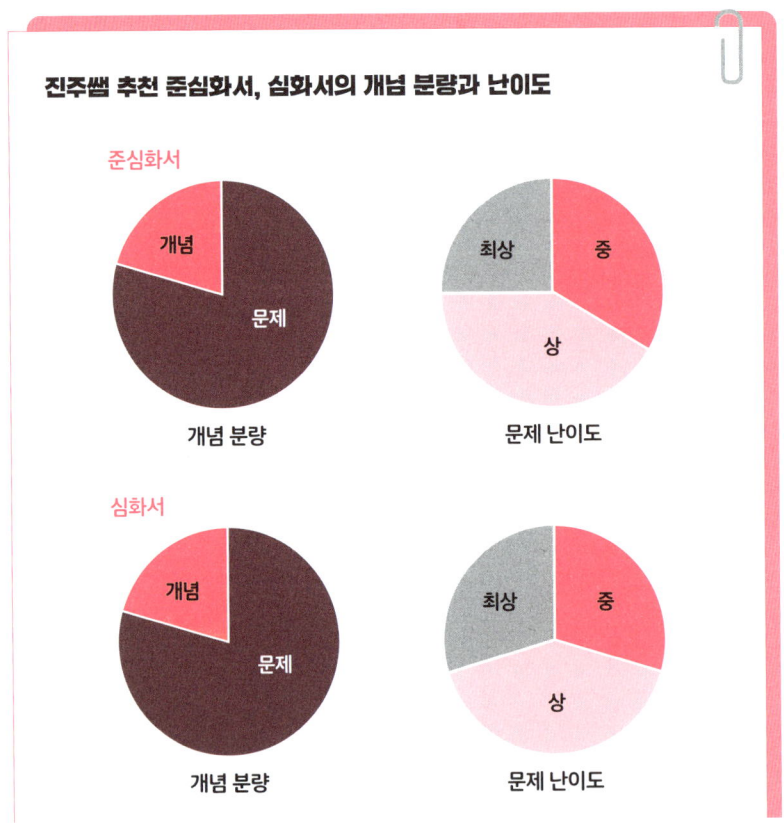

진주쌤 추천 준심화서

『큐브 수학 심화』, 동아출판

심화 문제까지 다뤄 주는 교재임에도 불구하고 부담스럽지 않은 내지 디자인으로 아이들이 편안하게 접근할 수 있도록 구성되어 있습니다. 개념도 핵심 개념, 응용 개념, 선행 개념으로 분리하여 교과 개념 정리뿐 아니라 문제에 직접 적용되는 개념 설명, 학습 흐름에서 다음에 배울 개념 정리를 해 주어 심화 문제를 풀기 전에 개념 정리를 깔끔하게 할 수 있습니다. 교과 응용 문제부터 최상위 문제, 경시대회 대비 문제까지 모두 수록되어 있어서 심화 수학에 쉽게 접근할 수 있습니다.

『최상위 초등수학 S』, 디딤돌교육(학습)

심화서로 가기 전에 기본적으로 알고 있어야 할 응용 문제 유형부터 심화 문제 유형까지 단계적으로 쉽게 접근할 수 있도록 해법을 제시해 줍니다. 북2에서 다시 한번 쌍둥이 유형을 풀 수 있도록 구성되어 있어서 틀린 문제 유형을 복습하기 좋습니다.

진주쌤 추천 심화서

『최상위 초등수학』, 디딤돌교육(학습)

가장 대표적인 초등 심화 교재로 경시 기출 문제들과 더불어 꼭 다뤄 봐야 할 다양한 문제 유형이 잘 선별되어 있습니다. 단계가 교과 기본부터 구성되어 있어서 일부 최상위권 친구들이 앞 단계(레벨 1~4) 교재를 생략하고 바로 진도를 나가는 용도로 사용하기도 합니다. 최상위권 친구들이 아니더라도 단계별 교재를 끝마치고 다시 한번 교과 개념을 정리하면서 심화 문제까지 다뤄 볼 수 있어서 학기 마무리용 교재로 적당합니다.

준심화서, 심화서는 어떤 아이가 언제 쓰면 좋은가?

　레벨 1~2 교재들의 정답률 90% 이상, 레벨 3~4 교재들의 정답률 80% 이상이 되는 아이들이 학습하기에 적당한 교재입니다. 물론 수학적 문제해결력이 뛰어나고 학원이나 과외 선생님 등 아이에게 개념 설명을 자세히 해 줄 수 있는 학습 보조자가 옆에 있다면 학습 보조자에게 개념 설명을 들은 뒤 준심화서, 심화서로 바로 심화 학습을 시작해도 무방합니다. 문제해결력이 아주 뛰어난 아이라면 이런 방법이 더 효율적일 수 있습니다.

　하지만 그렇지 않은 아이들은 무리해서 갑자기 교재 단계를 건너뛰어 심화서로 학습하는 것은 좋지 않습니다. 아이가 심화 문제에 대해 거부감을 느끼거나 자칫 수학에 흥미를 잃어버릴 위험도 있으므로 무리하게 교재 단계를 건너뛰는 학습 방법은 추천하지 않습니다. 앞에서 제시한 표에서 교재의 난이도와 아이의 수준을 파악하여 단계적으로 학습하는 방법으로 아이의 문제해결력을 끌어올리고, 아이의 학습 학년과 학기에 가능하면 레벨 6단계의 심화서까지 마무리 짓고 다음 학기로 넘어가는 것을 목표로 삼는 것이 좋습니다.

경시문제집 선택 시 유의사항

　경시문제집은 심화서보다 더 난이도가 높고, 높은 문제해결력을 필요로 하는 문제들로 구성된 교재입니다. 초등학생이 공부하기에 적합한 수준의 초등 교육과정 밖 영역도 다루는데, 실제로 중·고등 과정에서 배우는 내용 중 초등 교육과정에서 배운 내용으로 해결할 수 있는 문제들을 다룹니다. 주로 경시대회에 출제되었던 기출 문제들을 다루

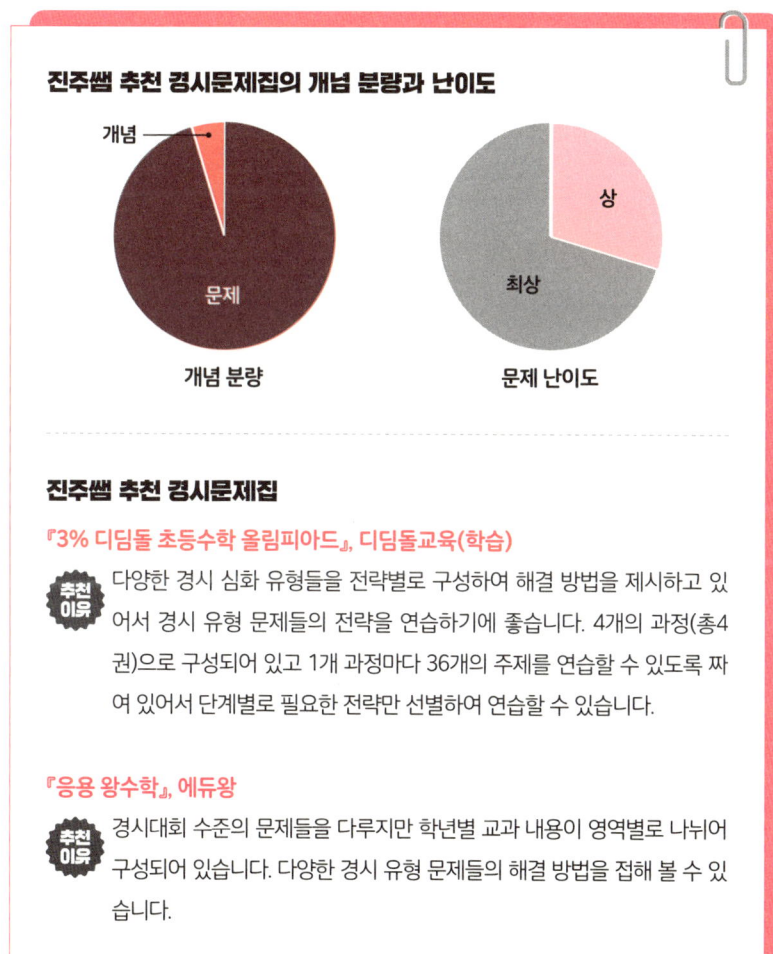

진주쌤 추천 경시문제집의 개념 분량과 난이도

개념 분량 / 문제 난이도

진주쌤 추천 경시문제집

『3% 디딤돌 초등수학 올림피아드』, 디딤돌교육(학습)

<small>추천 이유</small> 다양한 경시 심화 유형들을 전략별로 구성하여 해결 방법을 제시하고 있어서 경시 유형 문제들의 전략을 연습하기에 좋습니다. 4개의 과정(총4권)으로 구성되어 있고 1개 과정마다 36개의 주제를 연습할 수 있도록 짜여 있어서 단계별로 필요한 전략만 선별하여 연습할 수 있습니다.

『응용 왕수학』, 에듀왕

<small>추천 이유</small> 경시대회 수준의 문제들을 다루지만 학년별 교과 내용이 영역별로 나뉘어 구성되어 있습니다. 다양한 경시 유형 문제들의 해결 방법을 접해 볼 수 있습니다.

므로 경시대회를 준비한다면 치르려는 경시대회의 난이도나 특성을 먼저 파악한 후에 적절한 교재를 선택하는 것이 좋습니다.

경시문제집은 어떤 아이가 언제 쓰면 좋은가?

레벨 6 심화서의 정답률이 70~80% 이상 나오며, 그 이상의 심화 학습을 원하거나 수학경시대회를 준비하는 아이들이 사용하면 좋은 교재입니다. 『올림피아드 왕수학』과 같은 학년별 교재로 나오는 경시문제집은 해당 학년별 교재를 학습하면 되지만 『3% 디딤돌 초등수학 올림피아드』 같은 경우 학년별 구성이 아닌 1~4과정으로 나누어진 교재이므로 교재의 난이도와 수준을 파악해 둘 필요가 있습니다.

심화서 이상의 난이도를 가진 문제들이므로 『3% 디딤돌 초등수학 올림피아드』 1과정은 4학년 교과 심화, 2과정은 5학년 교과 심화, 3~4과정은 6학년 교과 심화까지 끝낸 아이가 시도해 볼 만합니다. 『3% 디딤돌 초등수학 올림피아드』 1~2과정을 무리 없이 끝냈다면 3~4과정 대신 중등 선행 및 중등 심화를 나가는 것도 생각해 볼 만합니다.

모든 교재를 다 풀지 않더라도 단계별로 필요한 전략만 뽑아서 학습하는 것도 좋습니다. 실제로 치르려는 경시대회 문제 유형과 난이도를 미리 체감해 보기 위해서는 해당 경시대회의 기출문제집을 구입해서 학습하는 방법도 추천합니다.

진주쌤 TIP

초등학생이
중등 선행하기 좋은 문제집

초등학생과 중학생은 학습 연령도 다르고 학습의 내용을 받아들이는 이해도도 다르므로 초등학생이 중등 선행을 하기 위해서는 교재를 신중히 선택해야 합니다. 초등학생 대상의 수학 문제집에서 중학생 대상의 수학 문제집으로 넘어가게 되면 내용이 어려워질 뿐만 아니라 시각적으로도 글자 크기가 매우 작아지고 교재 분위기가 많이 달라집니다. 다음은 초등학생이 중등 선행하기 좋은 문제집 시리즈입니다.

진주쌤 추천 중등 선행 문제집

❶ 『초고필 시리즈』, 동아출판
  - 『초고필 지금 방정식을 해야 할 때』
  - 『초고필 지금 도형의 각도를 해야 할 때』
  - 『초고필 지금 유리수의 사칙연산을 해야 할 때』

추천이유 초등학생이 중등 선행을 하기 전에 중학교 수학의 기본이 되는 '유리수의 사칙연산', '방정식', '도형의 각도'를 초등학생 눈높이에 맞게 구성한 중등 수학

기초 학습서입니다. 초등 수학과 연결하여 중등 수학 개념을 쉽게 이해할 수 있게 구성했습니다. 개념 동영상 강의를 제공하여 가정에서 엄마표 수학이나 자기주도학습으로 중등 수학을 미리 공부하기 좋습니다.

❷ 『바쁜 5·6학년을 위한 빠른 방정식』, 이지스에듀(이지스퍼블리싱)

『바빠 중학연산 시리즈』, 이지스에듀(이지스퍼블리싱)

 - 『바쁜 중1을 위한 빠른 중학연산』 1, 2권

 - 『바쁜 중1을 위한 빠른 중학도형』

추천이유 『바빠 중학연산 시리즈』는 아이들이 처음 접하는 중학교 1학년 1학기 수학을 두 권으로 구성하여 자세하고 친절한 개념 설명과 유형별 최다 문제를 수록했습니다.

중학교 첫 수학을 혼자 공부하며 기초를 다질 수 있도록 유튜브에서 저자 직장으로 개념 강의를 제공하고 있어서 초등학생이 중등 수학을 선행하기에 좋습니다.

내 아이에게
딱 맞는 연산 문제집 찾기

내 아이에겐 어떤 연산 문제집이 맞을까?

시중에는 수많은 수학 문제집이 있는데, 특히 연산 문제집은 그 종류가 무척 다양하고 구성도 비슷해서 선택하기에 어려움이 많습니다. 어떤 연산 문제집이 내 아이에게 좋을지, 아이에게 딱 맞는 문제집을 선택하려면 먼저 각 출판사의 연산 교재별 구성과 특징에 대해서 파악해야 합니다.

연산 문제집 선택 시 유의사항

✓

　연산 학습에서 잊지 말아야 할 점은 아이에게 필요한 만큼의 학습입니다. 따라서 연산 문제집을 선택할 때 너무 지나치게 분량이 많아서 아이가 필요 이상의 에너지를 써야 하는 문제집은 피하는 것이 좋습니다.

　아이의 현재 학습 수준과 성향에 따라 선택해야 할 연산 교재는 따로 있습니다. 교과과정과 연계되어 구성되었는지, 수와 연산 파트로만 구성되어 연습하는 시리즈 교재인지, 아이들이 어려워하는 부분만 별책으로 구성한 교재인지, 연산에 사고력을 추가한 교재인지 등 다양한 형태로 구성된 연산 교재들이 있습니다. 교재별 특징은 다음과 같으니 선택할 때 참고하세요.

진주쌤 추천 연산 문제집

미취학이나 저학년 아이가 사용하기 좋은 교재

❶ 『소마셈』, soma(소마)

　한 가지 연산 과정을 여러 가지 구체물이나 상황으로 제시하여 원리를 재미있게 익히고 생각하며 공부할 수 있도록 구성되어 있습니다. 미취학이나 저학년 아이들이 연산 학습하기에 좋은 교재입니다.

❷ 『기탄수학』, 기탄교육

수학의 기초인 연산력을 탄탄하게 잡아 주는 시리즈로 책 크기가 일반 연산 교재보다 작고 부담 없어 미취학이나 저학년 아이들이 좋아하는 교재입니다.

개념과 연계하여 연산 학습을 하고 싶을 때

아이가 아직 교과 개념에 익숙하지 않고 연산 문제를 푸는 속도도 빠르지 않다면 교과 개념과 연계해서 연산의 원리부터 이해하고 연산을 연습할 수 있는 교재가 좋습니다.

❶ 『EBS 만점왕 연산』, 한국교육방송공사

수학 교과서 내용 중 수와 연산, 규칙성 단원을 반영하여 계산 원리를 알기 쉽게 정리해 주는 코너가 함께 구성되어 있습니다. 학년별 2권으로 구성되어 있습니다. 개념 학습과 연산을 연계하여 학습하기 좋은 교재입니다.

❷ 『큐브 수학 연산』, 동아출판

교과서 전 단원을 다루는 연산 교재로 개념 미리보기 코너와 동영상 강의가 제공되는 연산 교재입니다. 학년별 2권으로 구성되어 있습니다. 개념 학습과 연산을 연계하여 학습하기 좋은 교재입니다.

❸ 『하루 한장 쏙셈 초등』, 미래엔

교과서 단원 중에서 익혀야 할 계산 문제를 구성하여 계산 원리 학습을 통해 계산 과정을 숙달할 수 있도록 구성한 교재입니다. 학습 관리 앱을 무료로 제공해 줍니다.

진행하는 교과 진도에 맞춰서 연산 학습을 할 때

평소에 교과 진도를 나가면서 연산의 부족한 부분을 연습하는 방법으로 학습한다면 연산 교재도 교과 학년과 학기에 맞춰 구성된 것이 좋습니다.

❶ 『쎈 연산』, 좋은책신사고

각 학년, 학기별 구성으로 연산 영역뿐 아니라 도형, 측정, 규칙성, 자료 등 연산이 필요한 모든 영역의 문제를 담아 한 권으로 해당 학기의 연산 학습을 할 수 있습니다. 단 문항 수가 많아서 아이들이 지겨워할 수 있으니 학습 분량 조절이 필요합니다.

❷ 『빅터 연산』, 천재교육

각 학년, 학기별 구성으로 교과와 연계되어 있어서 학기 중 연산 학습을 병행하기 좋습니다. 실생활 문제, 퀴즈와 접목된 문제 등 다양한 유형과 부담스럽지 않은 분량으로 교과 진도에 맞춰서 연산 학습하기 좋은 교재입니다.

단순 연산 반복을 지겨워할 때

단순 계산 문제를 반복해서 푸는 것을 지겨워한다면 사고력 문제가 추가되거나 응용 연산 문제들을 다루는 교재를 선택해서 학습하는 것이 좋습니다.

❶ 『최상위 연산 수학』, 디딤돌교육(학습)

하나의 연산을 다양한 각도에서 생각해 볼 수 있는 문제로 구성되어 있습니다. 단순 계산을 지겨워하는 아이들이 좀 더 사고하면서 문제를 풀어 볼 수 있습니다.

❷ 『상위권 연산 960』, 시매쓰출판

다양한 상황, 과정, 방식과 결합한 과제 해결형 수·연산 문제를 통해 연산 실력과 수학사고력을 기를 수 있도록 구성된 교재입니다.

특히 어려워하는 부분만 집중적으로 공부하고 싶을 때

❶ 『초등 분수 개념이 먼저다 시리즈』, 키출판사

분수, 소수, 비와 비율 등 아이들이 어려워하는 부분을 각각 따로 한 권씩 구성한 교재입니다. 동영상 강의를 무료 제공하고 있으며, 원리부터 연산까지 집중적으로 학습할 수 있습니다.

❷ 『바빠 시리즈』, 이지스에듀

분수, 곱셈, 나눗셈, 약수와 배수, 시계와 시간 등 아이들이 어려워하는 부분을 각각 따로 한 권씩 구성한 교재입니다. 따라서 아이가 어려워하는 부분만 골라서 집중적으로 연습하거나 학습 결손이 생겼을 때 취약한 연산 구멍을 빠르게 메울 수 있습니다.

1·2학년 추천

바쁜 초등학생을 위한 빠른 구구단

바쁜 초등학생을 위한 빠른 시계와 시간

3·4학년 추천

바쁜 3·4학년을 위한 빠른 분수

바쁜 3·4학년을 위한 빠른 곱셈

5·6학년 추천

바쁜 5·6학년을 위한 빠른 약수와 배수

바쁜 5·6학년을 위한 빠른 분수

진주쌤 TIP

방문 학습지로 하는 연산

대부분의 방문 학습지는 일주일에 1회, 15~20분 정도 선생님이 방문해서 아이들의 학습지를 관리해 줍니다. 맞벌이로 부모님이 바쁘시거나 집에서 엄마표로 꾸준히 관리하기 어려운 경우 비교적 저렴한 가격으로 선생님의 관리를 통해 연산 학습이 가능하다는 장점이 있습니다.

학습지 브랜드별로 교재의 성격이 조금씩 다르니 브랜드별 특징을 알아 두면 좋습니다. 방문 수학 학습지도 교과 수학, 사고력 수학, 연산 등 분야별로 나누어서 제공하는 출판사도 있습니다. 다음은 브랜드별 각 학습지의 특징입니다.

대표적인 수학 학습지

브랜드(출판사)	특징
구몬 수학(교원)	유아부터 고등까지 연계된 수, 연산 부문의 드릴 형태 문제들을 제공합니다. 같은 형태의 문제를 여러 번 반복하는 학습 형태여서 아이의 성향에 따라 호불호가 있습니다.
눈높이 수학(대교)	유아부터 고등까지 구몬 수학과 비슷한 형태의 문제들을 제공합니다. 방문 학습 외에 학습자가 직접 센터로 찾아가서 학습지 수업을 할 수 있는 눈높이 러닝센터를 운영하고 있습니다.

바로셈 수학(웅진)	5세부터 중등까지 수와 연산 부문의 문제들을 제공합니다. 연산의 원리를 이해할 수 있도록 개념 설명이 추가되어 있습니다. 방문 학습 외에 학습자가 직접 센터로 찾아가서 학습지 수업을 할 수 있는 학습센터를 운영하고 있습니다.
셈이 빠른 수학(재능)	만 2.5세부터 중3까지 수와 연산 부문의 문제들을 제공합니다. 개념과 연산의 원리를 이해를 할 수 있도록 개념 설명이 추가되어 있습니다.

내 아이에게 딱 맞는 사고력 문제집 찾기

내 아이에겐 어떤 사고력 문제집이 맞을까?

다음 표는 대표적인 사고력 문제집들을 출판사별, 연령별로 정리한 것입니다. 미취학 아이들부터 사용하는 난이도의 교재부터 나오는 출판사도 있고, 초등학교 1학년 이상 교육 과정을 이수해야 해결할 수 있는 난이도의 교재부터 나오는 출판사도 있습니다. 아이의 수준에 맞는 사고력 교재를 선택할 때 참고하세요.

출판사별, 연령별 사고력 문제집

출판사	미취학			1학년	2학년	3학년	4학년	5학년	6학년
메스티안	킨더 팩토	키즈 팩토		팩토 1	팩토 2	팩토 3	팩토 4	팩토 5	팩토 6
와이즈만	즐깨감 5세	즐깨감 6세	즐깨감 7세	즐깨감 1	즐깨감 2	즐깨감 3	즐깨감 4		
시매쓰				1031 Pre	1031 입문	1031 초급	1031 중급	1031 고급	
매쓰러닝							필즈수학 초급	필즈수학 중급	필즈수학 고급
디딤돌			최상위 사고력 7세	최상위 사고력 1	최상위 사고력 2	최상위 사고력 3	최상위 사고력 4	최상위 사고력 5	최상위 사고력 6
천재교육			사고력 수학 노크 PA	사고력 수학 노크 A	사고력 수학 노크 B	사고력 수학 노크 C	사고력 수학 노크 D		

사고력 문제집 선택 시 유의사항

✔

사고력 문제집에 표시된 권장 연령은 아이의 만나이 기준으로 생각하는 것이 더 적당합니다. 따라서 표에서 제시한 연령은 해당 과정을 끝마치고 보면 좋은 교재로 생각하면 됩니다.

예를 들어 '1031 입문' 교재의 경우 표에는 2학년으로 표시했지만 책에 쓰여 있는 권장 연령은 '초등 2학년 교과과정을 이수한 초등 2, 3학년 대상'이고, 실제로 사고력 수학을 많이 접하지 않았거나 심화 수학을 어려워하는 아이라면 초등 4학년이 사용해도 좋은 교재입니다.

미취학이나 저학년일수록 접해 본 사고력 문제 유형이 많지 않기 때문에 실제로 아이가 느끼는 체감 난이도는 더 높다는 점을 기억해 주세요.

사고력 문제집은 교육과정이 정해져 있는 교과 문제집과 다르게 출판사별로 교재 구성이 무척 다양합니다. 시리즈별로 대상 연령도 조금씩 차이 나고, 교재 구성을 영역별로 나눈 시리즈, 영역을 묶고 난이도별로 나눈 시리즈 등 브랜드별 교재 구성이 무척 다양합니다. 여러 시리즈의 교재를 단계별로 섞어서 쓰기에는 무리가 있으므로 아이에게 가장 잘 맞는 수준과 구성의 교재를 선택했다면 그 시리즈로 통일하여 공부하는 것이 좋습니다.

사고력 문제집별 특징과 구성

❶ 창의사고력 수학 킨더/키즈 팩토

미취학부터 초등 1~6학년이 모두 사용할 수 있는 교재입니다. 다른 사고력 교재 대비 사고력 문제의 접근 방법을 아이들이 좀 더 쉽게 이해하도록 구성되어 있습니다.

- **교재 구성:** 1~3학년은 레벨별 원리(A, B, C)와 탐구(A, B, C)로 구성되어 있고, 4~6학년은 레벨별 원리(A, B)와 탐구(A, B)로 구성되어 있습니다.

❷ 즐깨감

미취학부터 초등학교 4학년 정도가 사용할 수 있는 교재로 구성되어 있습니다. 다른 사고력 교재들보다 그림이 많고 아기자기하게 편집해 놓아서 재미있게 사고력 문제를 접할 수 있습니다.

- **교재 구성:** 연령별, 영역별(수와 연산, 도형과 공간, 규칙성과 문제해결, 측정과 분류, 확률과 통계, 논리수학 퍼즐)로 구성되어 있습니다. 기본편과 실력편으로 나뉩니다.

❸ 영재사고력수학 1031

영재사고력수학 1031과 필즈 수학은 교재 집필진이 비슷하여 사고력 주요 테마나 문제 유형이 비슷합니다. 구성이나 권장 연령이 필즈 수학보다 좀 더 세분되어 있고, 문제 접근 방법도 필즈 수학보다 쉽게 구성되어 있습니다.

- **교재 구성:** Pre, 입문, 초급, 중급, 고급으로 나뉘며, 레벨별로 A(수, 연산), B(도형, 측정), C(규칙, 논리), D(확률과 통계, 문제 해결)의 영역별로 구성되어 있습니다.

❹ 필즈 수학

영재사고력수학 1031과 필즈 수학은 교재 집필진이 비슷하여 사고력 주요 테마나 문제 유형이 비슷합니다. 굳이 영재사고력수학 1031 시리즈와 필즈 수학 시리즈를 모두 풀 필요는 없습니다. 필즈 수학이 영재사고력수학 1031 시리즈에 비해 전반적으로 좀 더 난이도가 높고 구성이 심플합니다. 아이의 수준이나 성향에 따라서 더 알맞은 교재

시리즈를 선택해서 학습하기를 추천합니다.

- **교재 구성:** 초급, 중급, 고급으로 나뉘며 레벨별로 상, 하로 구성되어 있습니다.

❺ 최상위 사고력

미취학 7세부터 초등 1~6학년까지 모두 사용할 수 있는 교재로 구성되어 있습니다. 이 책에서 제시한 사고력 교재 중에서 유일하게 학년별, 학기별 교과과정의 단원에 따라 사고력 문제가 구성되어 있습니다. 문제 난이도가 매우 높은 편이므로 교재의 학년보다 한 학년씩 내려서 풀어도 좋습니다.

- **교재 구성:** 학년별, 학기별(A, B)로 구성되어 있습니다.

❻ 사고력 수학 노크

미취학 7세부터 12세(초등학교 5학년)까지 사용할 수 있는 교재로 구성되어 있습니다. 필즈 수학 시리즈의 메인 저자가 쓴 교재로 사고력 문제의 주요 테마는 필즈 수학과 비슷합니다. 하지만 좀 더 다양한 수학적 상황과 생활 속 수학 이야기를 담아서 아이들이 재미있게 사고력 수학을 접할 수 있습니다.

- **교재 구성:** 학년당 총 8개 영역(수, 측정, 평면도형, 해결전략, 연산, 규칙, 입체도형, 경우의 수와 통계)으로 구성되어 있습니다.

6장

엄마표 수학

: 내 아이에게 맞는 학습
  로드맵 짜기

아이의 학년과 수준에 따라 로드맵이 달라야 한다

목동은 학구열이 높은 것으로 유명합니다. 이 동네에서는 미취학 아이들이 사고력, 연산, 놀이 수학 등 다양한 종류의 수학 학습을 하는 모습을 흔하게 볼 수 있습니다. 물론 모든 아이가 이렇게 어려서부터 수학을 공부해야 한다는 것은 아닙니다.

 수학 학습 로드맵은 아이의 학년과 수준, 성향에 따라서 각자 다르게 진행하는 것이 맞으며, 정답은 없습니다. 하지만 아이에게 필요한 로드맵이 무엇인지 올바르게 파악하고 계획을 세우려면 학군지 등 교육열이 높은 지역에서 흔히 말하는 '수학 좀 한다'는 최상위권 아이들의 수준이 어느 정도인지, 얼마만큼의 학습량을 소화하는지 등을 파악할 필요는 있습니다.

초등학교 저학년의 경우 교과서에서도 정의를 제시할 때 수학적으로 엄밀한 정의를 내리는 것이 아니라 아이들의 발달 단계와 지식 수준을 고려하여 아이들이 이해하기 쉬운 약속을 제시합니다. 1~2학년 아이들은 고학년과는 다르게 수학을 즐겁고 재미있게 접하는 것이 더욱 효과적이기 때문에 3~6학년과는 다른 로드맵으로 구성했습니다.

그동안 수학 교재 개발을 하면서 파악한 여러 교재의 특성과 목동에서 아이들에게 학년별, 수준별로 로드맵을 짜서 가르쳤을 때 효과가 좋았던 것들을 정리했으니 아이의 수준에 맞는 로드맵을 세우는 데 참고하세요.

1~2학년의
수학 학습 로드맵

**1~2학년의 수학 학습 로드맵은
연산 수준에 따라 다르게 세운다**

    1~2학년의 수학 학습 로드맵은 아이의 연산 수준에 따라 나누어 다르게 세우는 것이 좋습니다. 사고력 문제집의 단계별 진도를 나갈 때 사고력 교재 수준보다 연산 수준이 뒤처져 있으면 사고 과정에서 연산 때문에 문제를 푸는 데 어려움이 있을 수 있습니다. 따라서 아이가 제 학년의 연산 수준을 갖추었는지 먼저 파악하여 로드맵을 세우는 것이 중요합니다.

또한 교과 수학보다는 실제 교구를 이용한 다양한 활동이 추가된 사고력 수학의 비중을 크게 잡아도 좋은 학년이므로 교과 문제집이 아닌 사고력 교재를 활용한 로드맵으로 구성하는 것도 좋습니다.

사고력 교재를 활용하여 학습한다고 해도 1~2학년 교과 수학에서 다루는 내용은 대부분 충분히 채울 수 있으므로 학교에서 수학 교과서의 개념을 충실하게 배우고 있다면 굳이 기본 개념서와 같은 교과 문제집을 병행할 필요는 없습니다.

이때 주의해야 할 점은 1~2학년의 수학은 내용이 쉬운 편임에도 불구하고 아이가 수학을 어려워한다면 수학 학습보다는 한글 문해력과 공부 습관부터 먼저 잡아 주어야 한다는 것입니다. 다음 추천 로드맵에서 연산과 사고력에 사용하는 교재는 아이의 성향과 수준에 따라서 5장에서 제시한 교재들을 활용해 주세요.

교과 수준의 연산이 부족한 경우는 연산의 비중을 높게 한다

초등 저학년의 경우는 교과과정에서도 연산의 비중이 매우 크므로 1~2학년에서 연산이 아직 미숙하다면 아이의 학습 로드맵에서 연산의 비중을 가장 크게 잡는 것이 좋습니다. 단 연산 학습의 경우 2장에서 얘기한 연산 학습법에 유의하면서 단순 계산만 반복하는 학습은 피해 주세요.

진주쌤 추천 로드맵

추천 1

추천 2

교과 수준의 연산이 능숙한 경우는 사고력의 비중을 높게 한다

제 학년의 연산이 능숙한 경우는 연산의 진도를 더 나가는 것보다 사고력 학습의 비중을 더 높게 하는 것이 좋습니다. 만약 아이의 수학적 사고 능력이 뛰어나서 교과과정이나 사고력 학습의 진도가 빠르다면 해당 진도에 맞춰 연산 진도를 병행하는 것을 추천합니다.

진주쌤 추천 로드맵

추천 1

연산도 능숙하고 이미 사고력을 충분히 학습한 경우는 교과 심화를 한다

연산 진도도 제 학년 이상 진행되어 있고 미취학 때부터 사고력을 충분히 학습해 온 수학적 역량이 뛰어난 아이라면 사고력 문제집 표에서 제시한 『최상위 사고력』과 같은 교과심화+사고력을 다루는 난이도 높은 교재를 선택하여 학습할 수 있습니다. 『최상위 초등수학』과 같은 교과 심화 문제집을 병행하면서 다음 학기의 선행 학습을 하는 것도 좋은 방법입니다.

진주쌤 추천 로드맵

3~6학년의
수학 학습 로드맵

**3~6학년의 수학 학습 로드맵은
아이의 교과 수학 수준별로 다르게 한다**

 1~2학년까지는 사실 아이의 수학 수준이 크게 나뉠 만큼 차이가 나지는 않습니다. 하지만 3학년 이상부터는 수학 실력의 수준 차이가 뚜렷하게 생기고, 수준에 따라 연산이나 심화 학습의 병행 방법도 다르게 로드맵을 짜야 합니다. 3~6학년의 수학 학습 로드맵을 하위권-중위권-상위권-최상위권으로 수준별로 나누어 설명하겠습니다.
 단 진주쌤 추천 로드맵 예시표에서 마지막 단계는 '꼭 이 단계까지 끝내야 한다.'가 아니라 우리 아이의 목표점으로 생각하고 활용하면 됩니다.

하위권은 연산 문제집과 기본 개념서(레벨 1)로 시작한다

하위권 아이들은 수학에 흥미가 없고 학교 단원 평가에서도 평균 이하의 성적을 받습니다. 3학년 이상의 아이들에게서 수학을 못하는 이유를 살펴보면 가장 큰 비중을 차지하는 것이 기초 계산력 부족입니다.

한 학기 전체를 본다면 기본 개념서 + 연산 문제집 → 응용서 → 문제 유형서 or 준심화서의 순서로 진행합니다. 모든 유형을 다 완벽하게 풀고 넘어가지는 못하더라도 가급적 준심화 교재에 있는 심화 문제까지는 접해 보고 넘어갈 수 있게 해야 다음 학기, 학년을 위해서 좋습니다. 기본 개념서도 어려워하는 아이라면 레벨 1로 시작해서 교과 진도에 맞는 연산 문제집 한 권을 50:50으로 병행하며 학습하게 합니다.

기본 개념서 1단원을 마치고 2단원을 들어갈 때 응용서 1단원을 시작하는 식으로 두 권의 교재를 엇갈리게 병행하는 방법은 개념 이해력이나 기억력이 부족한 아이들에게 좀 더 도움이 됩니다. 하위권 아이들에게 가장 우선시되어야 할 과정은 학교 수학 수업 수준의 학습을 평균 이상으로 끌어올리는 것에 집중하는 것입니다.

진주쌤 추천 로드맵(하위권)

중위권은 기본 개념서(레벨 2)를 빠르게 끝내고 부족한 부분에 집중한다

중위권 아이들은 학교 단원 평가 수준의 시험은 80점 이상 받으며 크게 무리는 없지만 다양한 응용 문제에 익숙하지 않고 심화 문제를 어려워합니다. 중위권 아이들은 부족한 부분만 잘 채워 주면 상위권으로 발전할 가능성이 크므로 아이에게 잘 맞는 로드맵 설정이 매우 중요합니다.

한 학기 전체를 본다면 기본 개념서 → 응용서 or 문제 유형서 → 준심화서 or 심화서의 순서로 진행합니다. 모든 유형을 다 완벽하게 풀고 넘어가지 못하더라도 가급적 심화 교재의 문제들까지는 접해 보고 넘어가야 다음 학기, 학년을 위해서 좋습니다. 처음 시작할 때는 어렵겠지만 학기 로드맵의 마지막 목표를 준심화서나 심화서로 잡고 공부하면서 학기가 반복될수록 조금씩 익숙해지게 하는 것이 좋습니다.

연산 문제집은 아이의 성향에 따라 교과 진도에 맞춰서 하루에 일정량을 정해서 꾸준히 푸는 방법도 좋고, 아이가 연산이 부족하게 느껴지는 단원만 추가로 선택해서 풀게 하는 방법도 좋습니다. 중위권 아이들은 가급적 기본 개념서는 레벨 2 교재로 선택해서 빠르게 한 권을 끝내고, 그다음에 응용서나 문제 유형서로 다시 한번 다양한 응용 문제를 접할 수 있게 해 주는 편이 효과적입니다.

진주쌤 추천 로드맵(중위권)

추천 1

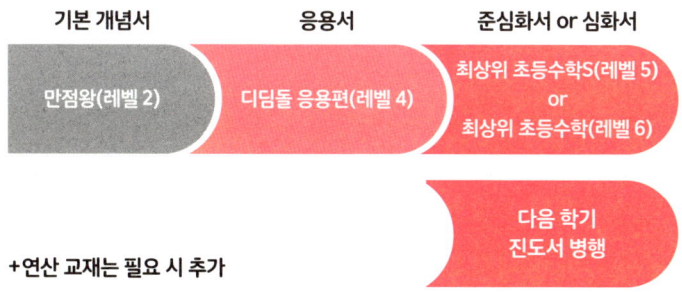

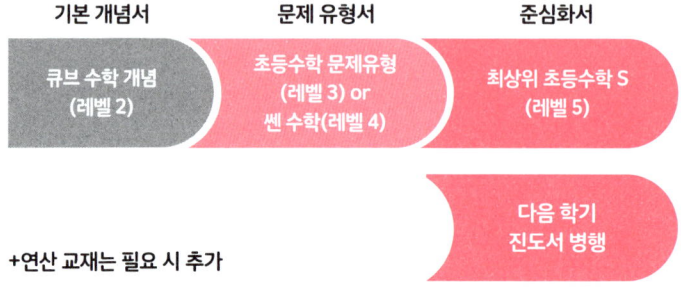

상위권은 기본 개념서 대신 응용서부터 시작해도 된다

상위권 아이들은 학교 단원 평가 수준의 시험을 90점 이상 받고 수학을 즐기고 좋아하며 학교나 학원에서 수학적으로 두각을 나타냅니다. 실제로 경시대회에 참여하여 상위권으로 수상을 하거나 어려서부터 진로를 정해서 영재학교, 과학고등학교 입시를 준비하는 최상위권 수준까지는 도달하지 못했더라도 로드맵을 어떻게 짜고 어떤 방법으로 이끌어 주느냐에 따라 얼마든지 최상위권으로 도약할 수 있는 아이들이기도 합니다.

상위권 아이들은 수학의 개념 이해도가 높고 응용력도 뛰어나기 때문에 처음 진도를 나갈 때 진도서를 기본 개념서가 아닌 응용서(레벨 3~4)부터 시작해도 무방합니다. 한 학기 전체를 따졌을 때 기본 개념서, 응용서, 문제 유형서, 준심화서나 심화서의 순서를 모두 거치지 않고 필요한 부분만 집중적으로 골라서 학습하는 게 더 효율적입니다.

심화 문제를 즐기고 높은 사고력을 요하는 문제를 좋아하는 상위권 아이들에게 단순 계산을 반복하는 연산 문제들은 지루함과 수학에 대한 흥미를 떨어뜨리는 요인이 될 수 있습니다. 그러므로 꼭 필요한 경우가 아니라면 연산 문제집은 추가하지 않아도 괜찮습니다. 진도를 나가다가 연산에 부족한 부분이 생겼을 때 그 부분만 조금씩 보충해 주는 방법으로도 충분합니다. 상위권 아이들에게는 레벨 4 이하의 교

진주쌤 추천 로드맵(상위권)

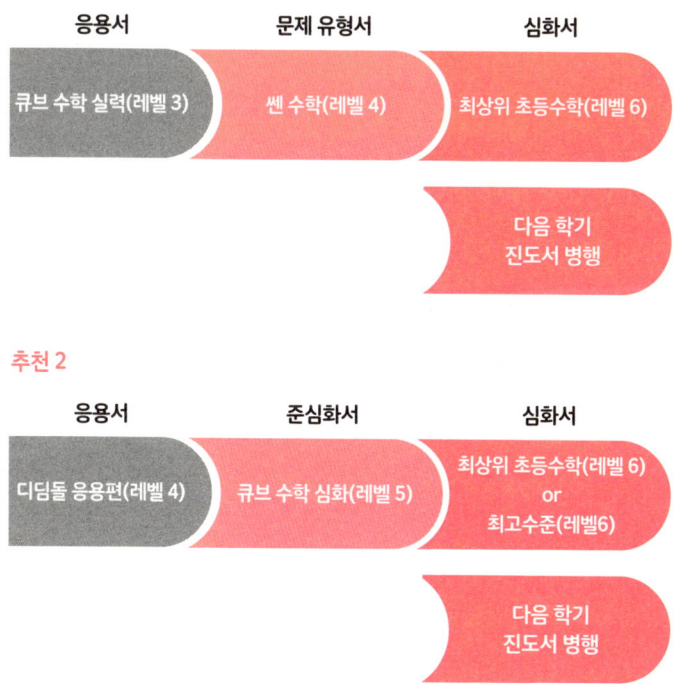

재는 최소화하고 레벨 5 이상의 준심화나 심화서 위주로 다양한 문제를 접할 수 있도록 해 주는 것이 좋습니다.

최상위권은 본인의 수준과 속도에 맞춘 진도를 나간다

최상위권 아이들은 개념 이해력이나 개념 적용력이 매우 뛰어납니다. 수학의 원리나 개념을 이해할 때 말 그대로 하나를 알려 주면 열을 압니다. 이런 아이들은 심화 문제집을 어려움 없이 풀어내고 경시대회 기출문제집이나 『3% 디딤돌 초등수학 올림피아드』와 같은 경시 문제집도 무리 없이 소화해 냅니다. 이렇게 수학적으로 뛰어난 최상위권 아이들은 학교 진도와 상관없이 본인의 수준과 속도에 맞춰 진도를 진행하는 것들을 추천합니다.

심화서 중에 디딤돌에서 나온 『최상위 초등수학』과 같은 교재는 1단계에서 단원별 교과 개념을 정리해 주고 다음 단계로 넘어가는 구성이기 때문에 최상위권 아이들의 경우 기본 개념서나 응용서는 모두 생략하고 심화서로 한 학기 교과 내용을 정리하는 방법도 가능합니다. 심화서를 출판사별로 2권 정도 푼 뒤에 더 난이도가 높은 경시문제집을 푸는 것도 좋습니다. 실제로 이 아이들은 특목고나 경시대회를 준비하는 경우가 많아서 각자 필요에 맞는 형태의 경시문제 유형을 연습하는 방향으로 학습하거나, 다음 학년 학기 진도를 빠르게 나가는 방법도 효과적입니다.

진주쌤 추천 로드맵(최상위권)

추천 1

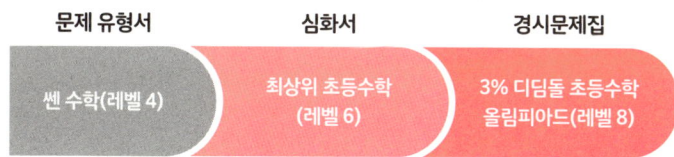

추천 2

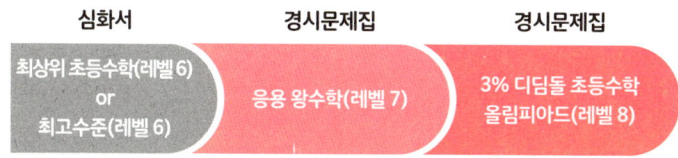

에필로그

누구나 수학을 잘할 수 있다

　누구나 수학을 잘할 수 있습니다. 수학을 잘할 수 있는 교육 방법이 분명히 있기 때문입니다. 아이를 이런 올바른 교육 방향으로 이끌어 주기 위해서는 학부모님이 알아야 합니다. 학부모님이 수학 전문가처럼 모든 교육 과정을 꿰고 아이를 직접 가르치라는 이야기가 아닙니다.

　마라톤에는 페이스 메이커 역할을 하는 선수가 있습니다. 그들은 일정 구간을 앞에서 뛰면서 같은 팀 선수의 완급을 조절해 주고, 앞에서 바람을 막아 주고, 가장 적절한 코스로 인도하는 역할을 해 줍니다.

　어차피 공부는 아이가 하는 것이고, 성공과 실패는 결국 아이의 의지에 달려 있습니다. 하지만 내 아이가 앞으로 가야 할 수학 학습의 긴 여정에서 아이에게 수학 학습의 올바른 방향을 인도해 주고, 달리다 지쳤을 때 다독여 주고, 자신감을 심어 주고, 다시 힘을 내어 올바른 길로 갈 수 있도록 이끌어 주는 페이스 메이커 역할은 학부모님이 가장 잘할 수 있습니다.

이 책의 5, 6장에서 다루었던 수학 교재 선택법이나 로드맵 짜는 방법 등을 참고할 때 가장 중요한 것은 내 아이가 절대적인 기준이 되어야 한다는 것입니다. 아이의 성향과 수준을 잘 파악한 상태에서 이 책을 활용하는 것을 권장합니다.

학부모님이 아이의 상황과 수학 학습의 방향성을 제대로 알면 수학에 대한 막연한 불안함을 줄일 수 있습니다. 이 책이 아이의 페이스 메이커 역할을 누구보다 잘 해 낼 학부모님과 늘 함께하길 희망합니다.

아이들이 앞으로 가야 할 시간 동안 수학 때문에 힘들고 지치지 않길 바라는 마음으로 이 책을 썼습니다. 아이들에게 그렇게 해 줄 수 있는 큰 힘이 지금 이 책을 읽고 있는 여러분에게 있다는 것을 꼭 기억해 주세요.